歴史文化ライブラリー
281

自由民権運動の系譜

近代日本の言論の力

稲田雅洋

吉川弘文館

目次

自由民権運動の展開

自由民権運動のその後

立憲政体、民権家、言論活動——プロローグ

1　立憲政体，民権家，言論活動

自由民権運動（以下、民権運動と略記する）は、明治前半期に、立憲政体《りっけんせいたい》の早期樹立をめざしてくり広げられた運動である。当時の政府は、「藩閥専制《はんばつせんせい》政府」と言われたように、西南雄藩《せいなんゆうはん》出身の一部の高官が実権を握っており、立憲政体からは遠い存在であった。民権運動は、その変革を求めたものである。

立憲政体とは、簡潔に言えば、三権分立と国民の権利を規定した憲法に基づく国家体制のことである。民権運動は、当時の政府のあり方を「有司専制《ゆうしせんせい》」（立法権と行政権の未分離の体制）と批判して国会開設を要求するとともに、天賦《てんぷ》人権論に基づく固有の権利を主張し、さらに積極的に私擬《しぎ》憲法を作成して、理想の国家像を提起した。それはまさしく、立

憲政体の樹立をめざす運動であったと言える。

しかし、この運動は、政府の激しい規制と弾圧により、一八八四年末頃に終息する。そして、その後に作られた明治憲法（一八八九年）と帝国議会（一八九〇年）は、民権派の求めていたものからは遠いものであった。

だが、それらのことをもって、この運動が敗北したと言うことはできない。この運動の展開が圧力となって、政府も憲法の制定と国会の開設を余儀なくされたからである。もし、この運動が起こっていなければ、専制体制がその後も続いた可能性は高いし、憲法の制定や国会の開設も、実際より遅くなったと思われる。また、それらが作られたとしても、単なる形式的なものにすぎなかったかもしれない。日本が十九世紀のうちに、アジアの中で唯一、近代国家体制を確立していったのは、民権運動の結果であり成果である。

さて、教科書や概説書では、民権運動は一八七四年一月に前参議の板垣退助《いたがきたいすけ》・後藤象二郎《ごとうしょうじろう》・江藤新平《えとうしんぺい》・副島種臣《そえじまたねおみ》など八名が、民撰議院設立建白書《みんせんぎいんせつりつけんぱくしょ》（以下、「建白書」と略記する）を提出したことに始まるとされることが多い。だが、それを出発点とすると、それに続く立志社《りっししゃ》や愛国社《あいこくしゃ》の動きなどが運動の中心とされて、民権運動の全体像がつかめなくなってしまうであろう。

西欧諸国には憲法や議会があるということは、すでに一八六〇年代の初めから知られていたし、幕末期には立憲制度について具体的に紹介した本も出されていた。また、明治になってからは、「建白書」の以前に、下院の設置を求める動きが、民間からだけでなく、政府内部からも起こっていた。

それらのことを踏まえれば、民権運動の叙述は、「建白書」からではなく、一八六〇年代から始める必要があろう。本書は、そのような形をとっている。それは、明治維新を、ペリーの来航や、さらには天保《てんぽう》の改革から説き起こすのと同じである。

本書はこのように、民権運動を立憲政体の早期樹立をめざしてくり広げられた運動とした上で、さらに次の二点に主な視点を置いて、この運動を追っていくことにする。まず第一は、民権家に焦点を合わせて民権運動を見ていくことである。民権家とは、民権活動を生業《なりわい》とする者たちのことである。民権運動は、長期にわたって全国的な形で展開したという点において、旧来の民衆運動とは質的な違いがあるが、そのことは民権家の存在を抜きにして考えられないのである。

民権家については、従来、士族民権家と豪農民権家とを区別したり、さらに都市で活躍する者を都市民権家と呼んだりすることもあった。だが、民権家にとって重要なことは、日常的に活動することであり、その出自や活動地域（都市か農村か）などではない。民権家には、組織活動も重要な任務であったが、彼らの活動の主要な場は、初期においては新聞であり、やがてそれに演説会が加わってくる。民権運動は、見方によっては、民権家が新聞と演説を車の両輪にして展開した言論活動であると捉えることもできる。本書の力点の第二は、この言論活動に置くことにする。

政府は、民権家たちの言論活動によって、人びとの間に反政府的意識が広まっていくことに危機感をいだき、早くも一八七五年六月に新聞紙条例と讒謗律《ざんぼうりつ》の二法を出して新聞を厳しく規制し、さらに一八八〇年四月には集会条例を出して、演説会を抑え込もうとした。そこには政府の強い意思が現れている。

しかしながら、民権派による新聞は、その二法にも屈せず、政府批判の論調を展開したし、政談演説会でも民権派の弁士たちは、集会条例の下でも政府批判を叫び続けた。また、演説会につめかけた聴衆も、弁士と一体となって、「ヒヤヒヤ」とか「ノーノー」などの声を上げて意思表示をした。そして、一八八一年十月、その盛り上がりの前に、政府もすでに決定していた開拓使《かいたくし》官有物《かんゆうぶつ》を関西貿易商会に安値で払い下げるという方針を撤回するとともに、一〇年後には国会を開設するという詔勅を出したのである。いわゆる「明治十四年の政変」であるが、それを引き起こした原動力は言論である。日本の国民は、この運動を通じて、国家・社会を動かすのは言論の力であるということをはじめて経験した。そして、その中では、民権家が大きな役割を担ったのである。

このように、民権運動は、近代の政治運動・社会運動にとって重要なことは言論活動であるという考え方を、日本に根づかせたのである。そして、言論を武器にした民権運動の経験と遺産とは、その後の時期にも引き継がれていくことになる。本書では、初期議会での民党の闘いや大正デモクラシー期の言論活動を、そのような民権運動の系譜の上に見ていくことにする。

民権運動の研究は、多くのつみ重ねをもっている。その中で、長い間にわたり有力であった説は、この運動をブルジョア民主主義革命運動とするものであった。「ブルジョア民主主義革命」という概念は、『日本資本主義発達史講座』（一九三二～三三年）の執筆者たち（いわゆる「講座派」）の平野義太郎《ひらのよしたろう》や服部之総《はっとりしそう》が使ったものであが、それが戦後の研究にも引き継がれたのである。

しかし、民権運動を革命運動として見た場合には、自由党の解党、「激化諸事件」の弾圧、憲法と国会などの事実からは、「敗北」という結論以外は出てこないであろう。だが、はたして民権運動は、革命運動だったのであろうか。その設定自体に、問題はないのだろうか。講座派については、次の「自由民権運動とその前史」でも再び触れるが、やはり歴史を理論にあてはめるきらいが強すぎると言わざるをえない。

戦後における民権運動の実証研究の深化は、必ずしも講座派の理論に基づくものではなかった。特に、優れた成果を出した民権運動の政治史的・思想史的な研究は、経済史的条件を重視する講座派が軽視していた領域である。一九八〇年代に、自由民権百年を記念して、三度にわたる全国集会を含めて、各地で顕彰・研究集会が開かれたが、その盛況ぶりは、「民権運動＝ブルジョア民主主義革命運動」という説を、すでに追い越していた。

そもそも、戦後の日本で、講座派が強調していた前近代的要素が次第に消えていくにつれて、講座派の理論が存立する基盤は失われていた。さらに、八〇年代末からの東欧の「革命」や、九一年のソ連邦の崩壊に示されたような世界情勢の新たな展開は、講座派理論を過去のものとした。

しかしながら、その後も「民権運動＝ブルジョア民主主義革命運動」説への本格的な検討は行われず、新たな民権運動像は提起されなかった。そのような中で、一九九〇年代以降に出された「国民国家」論や「公共性」論は、民権運動を通り越していった。この二つは、近代国家・社会の展開を、世界史的な共通性において捉えていく面が強く、民権運動もその中に相対化される。したがって、民権運動の固有性を追うという視点は後方にしりぞいている。かくして、民権運動研究は、取り残されてしまったと言える。

本書が、民権運動を日本における立憲制思想の展開や、立憲政体の樹立・確立を求める運動の中で位置づけようとするのは、このような民権運動研究のあり方を踏まえたものである。本書のキーワードは、立憲政体、民権家、言論活動の三つである。まずは、民権運動とは何かを改めて検討することから始めよう。

自由民権運動とその前史

民権運動のめざしたもの

民撰議院設立建白書は民権運動の出発点か？

板垣退助や「建白書」については、現在でもよく知られている。しかし、当時の人びとは、「建白書」が出たことや、その内容のことを、どのようにして知ったのであろうか。その点については、日本近代史の通史や概説書でも書かれていない。私は、大学の授業でこのことを何度か質問したことがあるが、学生たちもそのようなことを知らないだけでなく、考えたこともないようだ。数少ない解答は、次のようなものであった。

①提出者たちが、「建白書」を印刷して、多くの人びとに配った。

②提出者たちが、全国各地で演説会を開いて、「建白書」のことを知らせた。

③提出者たちが、「建白書」を新聞社に送って、載せてもらった。

これらは、彼らが必死で考えた答えなのであろう。現在から見ると、すべて合っているように思える。しかし、どれも正しくない。そもそも、「建白書」はあくまでも政府に出されたものであり、板垣たち提出者は、それを国民に知らせようなどとは思っていなかった。したがって、右の答えはみな間違いである。特に②は、当時の日本では、演説という行為そのものがまだほとんど行われていなかったので、状況認識としても間違いである。

これらの中では、③がいちばん正解に近い。「建白書」は一八七四年一月十八日、日刊紙『日新真事誌《にっしんしんじし》』に掲載されたからである。とは言っても、得点はせいぜい三〇点にすぎない。なぜならば、「建白書」がこの新聞に載ったのは、提出者たちが依頼したからではなく、社主のイギリス人ブラックの判断によるものだからである。この点については後述する。

板垣退助も「建白書」も、その実像に比べて過大に評価されている。板垣は、一八八二年四月六日に岐阜の中教院《ちゅうきょういん》で刺客から襲われた際に叫んだと言われている「板垣死すとも自由は死せず」という名言によって、英雄視されることが多い。さらに戦後しばらくの間、その肖像が一〇〇円札に使われていたことも、プラスになっているかもしれない。板

白書（国立公文書館所蔵）

垣の生涯の全体の評価はけっして簡単ではないが、彼のイメージは実際の姿よりも肥大化しているのである。

「建白書」も、あとで詳しく見るように、それほど画期的なものではない。実は、日本でも早く下院を設置すべきであるという建白書は、それ以前からかなり出されていた。さらに、政府の左院《さいん》においても、その是非をめぐる議論は、すでになされていた。それらに比べて、「建白書」の内容には、特に新しいものはない。「建白書」に意義があるとすれば、それが口火となって、民選議院を早期に開設すべきか否かをめぐる論争が新聞紙上で展開されたことである（民選議院については、民撰議院としているものもあるが、以下、地の文では民選議院で統一する）。それ以外には、特に評価すべきものはないのである。

「建白書」を民権運動の出発点とするのは、『自由党史』（一九一〇年刊）に基づく見方である。そこでは、民権運動

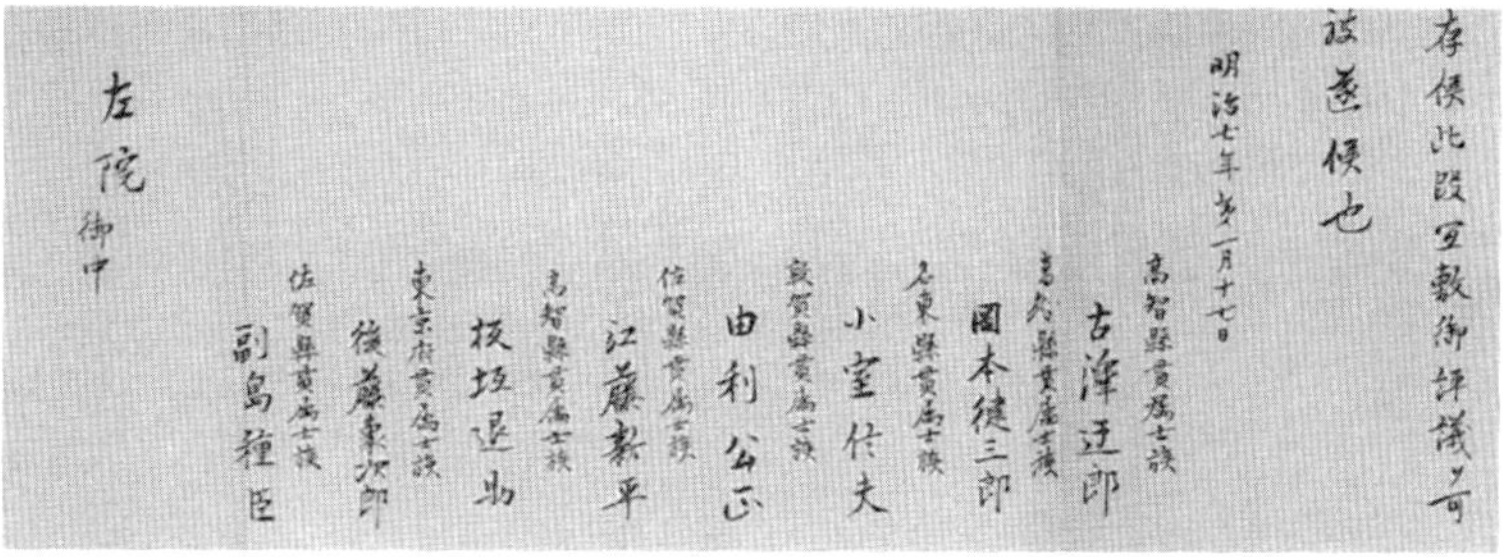
存候此段宜敷御評議ヲ可
被遂候也
明治七年第一月十七日
高知縣貫属士族　古澤迂郎
高知縣貫属士族　岡本健三郎
名東縣貫属士族　小室信夫
敦賀縣貫属士族　由利公正
佐賀縣貫属士族　江藤新平
高知縣貫属士族　板垣退助
東京府貫属士族　後藤象次郎
佐賀縣貫属士族　副島種臣
左院
御中

図1　民撰議員設立建

の発展の過程を、「建白書」→立志社《りっししゃ》→愛国社《あいこくしゃ》→国会期成《こっかいきせい》同盟《どうめい》→自由党《じゆうとう》という流れとして書いている。つまり、板垣を中心とするグループが、民権運動を一貫してリードしたというのである。もちろん、国会期成同盟や自由党が、運動を切り開いていった面のあることは十分に評価しなければならない。特に、国会期成同盟や自由党のような日常的に政治活動を行う全国的な組織ができたことは画期的なことである。

しかし、民権運動は、その図式で捉えられないことも多い。たとえば、これも後でも触れるが、民権運動の中で最大の出来事とも言える一八八一年の開拓使払い下げ反対運動のことは、『自由党史』にはほとんど出ていない。だが、この運動の盛り上がりには、政府内部でも、このままではフランス革命のようになると危惧する意見も出たほどのものであった。そして、ついに政府も払い下げを中止し、さらに国会開設の詔勅《しょうちょく》を出すことにしたのである。だが、このような反対運動の高揚は、右の図式とは違った流れの中から起こっているのである。

これらのことを踏まえて、本書では、この図式とは異なった観点から民権運動の流れを見ていきたい。ただ、右の図式の中の人物でも、植木枝盛《うえきえもり》のように民権運動を代表する思想家については、積極的に取り上げることは言うまでもない。

「ブルジョア民主主義革命運動」

プロローグでも述べたように、戦後の民権運動研究の主流は、民権運動をブルジョア民主主義革命運動として位置づけるものであった。「ブルジョア民主主義革命」というのは、コミンテルンの「一九三二年テーゼ」で提起された概念であるが、「講座派」の主要メンバーの平野義太郎《ひらのよしたろう》や服部之総《はっとりしそう》は、それを民権運動を位置づけるのに使ったのである。講座派に共通しているのは、徳川幕府を倒した明治維新を、ブルジョア革命ではなく、封建制の最後の段階である絶対主義の成立と捉えたことである。つまり、明治政府は近代的な政府ではなく、絶対主義政府であるとしたのである。民権運動についても、それを踏まえて、絶対主義的明治政府を倒して近代国家を樹立しようとしたブルジョア革命に当たるとしたのである。フランスにたとえれば、封建諸侯の個別領主権を抑えて、強大な統一国家を作り、官僚と軍隊による統治体制を樹立した中・後期のブルボン王朝が明治政府に該当し、そのブルボン王朝を倒したフランス大革命が民権運動に当たるということになる。

もっとも平野は、自由党や改進党などをほとんど評価せず、秩父《ちちぶ》事件だけをブルジョア民主主義革命の前史として認めただけであった。その点では、民権運動のほぼ全過程を積極的に評価した服部とは違っていた。戦後になると、ブルジョア革命とブルジョア民主主義革命との違いはあまり意識されなくなり、民権運動をブルジョア民主主義革命運動とする見方が定着した。

「ブルジョア」という語は、単独では資本主義社会の経済的支配階級を指してマイナスの響きが強い。しかし、「ブルジョア民主主義」という複合語になると、封建制を打ち破って近代市民社会を打ち立てた原理としてプラスの意味が強くなる。したがって、戦後の民主化の時代精神と重なり合うものがあり、民権運動をその前史として捉えるのに、この言葉は説得力があったのであろう。

ただし、民権運動は一八八四年に自由党が解党し、激化諸事件もことごとく抑え込まれて、ほぼ終息してしまった。そしてその上に、欽定《きんてい》憲法である明治憲法と、天皇の立法権を「協賛」するにすぎない国会とが作られていく。したがって、民権運動は革命として見れば、明らかに敗北である。そのことから、戦後の研究では、革命そのものはなく、「ブルジョア民主主義革命運動」とか「ブルジョア民主主義的革命運動」と呼ばれるようになった。そのような見方は、民権運動を世界史的な観点から位置づける点では一定の意義があった。

しかし、歴史的位置づけの手段として使われたものを、歴史的事実とみなして、民権運動を明治政府を倒そうとした革命運動であるとする捉え方が生まれてきたことは問題である。確かに運動の末期、政府の厳しい規制と抑圧の下で合法的な活動が困難になった時に、いわば最後の手段として「革命」をめざす者が現れてくる。たとえば加波山《かばさん》事件（一八八四年九月）の檄文《げきぶん》にも、〝専制政府を転覆して立憲政体《りつけんせいたい》を作るために革命を起こす〟と書かれている。だが、そのような者は、民権派全体から見ればほんの一部であった。しかも、彼らのめざす「革命」の内実は、大臣・顕官《けんかん》の殺害や官署の襲撃を越えるものではなかった。

民権派は、専制的な明治政府に対して、国家形態を立憲政体に変えるように要求して闘った。しかし、明治政府を実力で倒して、それを実現しようとしたのではない。彼らは、日本を自分たちの理想とする国家に一歩でも近づけようとして活動したのであり、それを革命という次元で捉えることは誤りである。

民権運動を革命運動として捉えることの最大の問題は、「敗北」という以外の結論が出てこないことである。だが、明治憲法や帝国議会が、民権派の要求していた憲法や国会と違っていたことが、はたして敗北なのであろうか。民権派も、明治政府の専制的支配の下にあって、自分たちの目標がそのまま実現すると思っていたわけではない。したがって、憲法や国会が自分たちの求めてきたものとは違っていても、それを必ずしも敗北と見なしたわけではなかった。それだからこそ、民権派とその流れをくむ者たちは、それに打ちひしがれることなく、自由党の解散と改進党《かいしんとう》の分解の三年後の一八八七年から、三大事件建白運動や大同団結《だいどうだんけつ》運動をくり広げていくのである。そして、それが初期議会での活動へとつながっていく。そこに敗北感は見られない。

民権運動を「革命」と「敗北」の観点から見るのは、あまりにも理論を優先したものであり、理論に合わせて歴史を見ていく方法である。その意味では、窮屈な捉え方であったと言える。

民権家

民権運動の活動家は、民権家と呼ばれる。彼らは、新聞・雑誌を発行したり、演説会で演説したり、その他さまざまな組織活動をしたりすることが主な仕事である。民権運動が長期にわたり、全国的な運動として展開したのは、このような専業の活動家が存在していたからである。そして、民権運動の歴史的な画期性の一つは、この民権家を生み出したことにある。

民権家という語はすでに一八七七年頃から使われていたことが、文献から確認できる。たとえば、植木枝盛（一八五七〜九二）の「世ニ良政府ナル者ナキノ説」（一八七七年十一月二十四日稿。以下、植木枝盛の文章は、すべて『植木枝盛集』全一〇巻〈岩波書店、一九九〇〜九一年〉による）という文章の中にも出てきている。そこで植木は、民権家の活動を、学習することや、坂を上がる車を後押しすることにたとえている。植木の言っていることを、少し補足しながらまとめれば、次のようなものである。〝学習はいつも続けていないと学力が下がってしまうし、坂を上がる車も後ろを押し続けなければ後戻りしてしまう。民権家の活動もそれと同じである。民権家が闘いをやめれば、政府はまた圧制をくり返すのである。〟植木の強調しているのは、活動を続けていくことの重要性である。つまり、植木にとって民権家とは、たえず闘いを続ける者のことであった。

では、その闘いの内容とは、どのようなものなのであろうか。植木は、「民権家」（『愛《あい》国志林《こくしりん》』第四編、一八八〇年六月五日）の中で、民権家について、イギリスの不当な支配と戦ったアメリカ人民を例にしながら、次のように説明している。

〝アメリカ人民がイギリスと戦ったのは、困窮のあまりに租税を払えなくなったからではない。租税を払う余裕は十分にあったのだが、イギリス政府が「代表なければ課税なし」という原則を破って課税したことに反対して立ち上がり、ついに独立を勝ち取ったのである。アメリカ人民は、このように民権を主張して戦ったという点において、民権家なのである。〟

やや同義反復に近いが、民権家とは民権のために闘う者のことなのである。だから、ただ悪政と闘っただけでは民権家ではない。たとえば、佐倉宗五郎《さくらそうごろう》や大塩平八郎《おおしおへいはちろう》のように、人びとが圧制に苦しんでいるのを見て、それを救うために立ち上がった者は民権家ではない。彼らは「民情家」にすぎないのである。この点は植木のどうしても譲れない点であり、両者の違いを峻別した。

植木は、近世の百姓一揆や少し後の時期の負債農民騒擾、さらには群馬事件、秩父事件などに対しては、一貫して無関心、というより冷淡であった。植木にすれば、ふだんは他のことに従事していて、蜂起《ほうき》という非日常時にのみ立ち上がる者や、同情から事を起こした者を、民権家と呼ぶことはできなかった。

だが、植木の説明を待つまでもなく、民権家とは民権のために闘い続ける活動家である。民権期には、各地に民権結社が作られ、さらにその横断的組織である愛国社や国会期成同盟が作られた。そして、全国組織である自由党や改進党などの政党も作られていく。だが、それらはけっして一時的な組織ではなく、日常的に運動を展開していた組織である。そのような組織を維持することが可能であったのは、いつでも活動を続ける者、つまり民権家がいたからである。民権運動とは、このような民権家が中核になってくり広げられた運動なのである。

右の植木の「民権家」という文章が載っている『愛国志林』は、愛国社の機関誌であり、植木はその編集人を務めていた。すでにこの時期に、民権運動は、そのような定期刊行誌を発行するレベルにまで来ていたのである。ただし、それが可能であったのは、植木のような民権家が現れていたからである。

民権家植木枝盛の誕生

植木枝盛は民権運動を代表する理論家であり、著作も多い。それをたどっていくと、民権運動の推移の一面を、ある程度知ることができる。

植木は、一八七三年二月、高知から上京して、旧高知藩主山内豊範《やまのうちとよのり》が建てた海南《かいなん》私学に給費生として入学した。だが、そこが陸軍幼年学校の予備校であることを知って失望し、半年で退学して同年末に帰郷してしまった。しかし、七五年一月、再び上京して私費で勉学を始める。公開演説会が始まって間もない頃だったので、文明開化の思想的な先導役をはたしていた明六社《めいろくしゃ》の演説会や慶応義塾での三田《みた》演説会には、ほぼ毎回のように傍聴に出かけている。

当時の植木はすでに、福沢諭吉《ふくざわゆきち》や加藤弘之《かとうひろゆき》などの啓蒙思想家の著作は、ほとんど読んでいた。その頃の自筆メモ「自由談一章」（七五年七月十七日）には、自由には二種類のあること、つまり思想・言論の自由のような私的自由（＝私権、市民的自由）と、政治に参加する自由（＝公権、政治的自由）のあることを記し、前者は天賦のものであるが、後者は国民が開化してから以降のことであるとして、両者を区別している。明らかに加藤の影響である。そのために植木は、民選議院は日本では時期尚早であるとして、その開設には反対していたのである。

図2　植木枝盛

翌七六年二月、その植木に大きな転機が訪れる。政府は、前年六月に新聞紙条例や讒謗律《ざんぼうりつ》を出して、新聞人たちを捕らえていた。しかし、植木はそれに不満をもち、少し揶揄的《やゆてき》に書いた文章を『郵便報知新聞』に投書した。それが二月十五日の同紙に載ったことから、三月十五日に禁獄二ヵ月の刑を受け、獄中生活を送ることになったのである。しかし当時の監獄では、江戸時代と変わらない非人間的な扱いが行われていたので、自尊心の強い植木は、耐えられないほどの屈辱を感じた。

この入獄の経験は、それまで明六社の啓蒙《けいもう》思想の枠内にあった植木を、大きく変えることになる。出獄後の六月十二日、非道な獄中生活を強いた政府を糾弾《きゅうだん》する「自由ハ鮮血ヲ以テ買ハサル可《べ》カラサル論」を書いて『湖海新報《こかいしんぽう》』に送った。天賦の権利としての市民的自由も、政治的自由と別個に存在するものではなく、専制政府と闘って初めて得られることを、身をもって知ったからである。民権家・植木枝盛の誕生である。翌年二月、高知に帰った植木は、立志社の活動家となり、地方ではまだ珍しかった演説会を開いたりするのである。

その頃の立志社の一部には、西南《せいなん》戦争に呼応する動きもあったが、植木はそれにはまったく見向きもしなかった。彼は武力に対しては、理屈を超えた生理的ともいえる嫌悪感をもっていたからである。そのため、専制政府と闘うといっても、武力で政府を倒すなどということは考えていなかったのである。

当時の彼の思想は、「極論今政」（一八七七年三月、未発表）に示されている。その終わり近くに次のような個所がある。

〃まず民選議院を開設して、専制政治に代わる君民共治の政体を作り、そこで憲法を定めて、人民の権利を規定するとともに、政府の権限を限定しなければならない。〃（原文は次の通りである。「先ヅ民撰議院ヲ設クベキナリ……。宜《よろ》シク其政体ヲ革《あらた》メ専制無限ノ政治ヲ棄テ全国人民ニ参政ノ権利ヲ許シ、所謂《いわゆる》君民共治ノ政体ト為サズンバ有ル可カラザル也。乃《すなわ》チ其事ハ速《すみやか》ニ民撰議院ヲ立テ憲法ヲ定メ、全国人民ノ権理ヲ確定シ政府ノ権理ヲ限定スルニ在リ。」）

ここには、民権運動の基本的な内容がほぼ言い尽くされている。つまり、①全国人民の参政権に基づく民選議院を開設すること、その上で、②君民共治政体を樹立すること、③憲法（人民の権利を規定し、政府の権限を限定するもの）を制定すること、である。これは、彼の民権運動のマニフェストである。①は目前の課題であり、②③は到達すべき目標である。植木は、すでにこの当時、民権運動の概要について、このように簡潔に表現していたのである。

オルガナイザー植木枝盛

立志社に入った植木は、民権家として八面六臂《はちめんろっぴ》の活躍をする。同年六月に提出される「立志社建白書」は、彼が中心となって書いたものである。また、植木は立志社の機関紙『海南新誌《かいなんしんし》』の編集にも当たることになった。さらに、一八七八年四月、愛国社の再興が決められると、「愛国社再興趣意書」の起草にもかかわり、その実現のために、西日本各地をオルグとして回ったりもしている。一八七八年十二月末からは、福岡の向陽社《こうようしゃ》の招きに応じて、開校当初の向陽義塾で講義したり、佐賀・熊本で演説したりして、約三ヵ月間をその地で過ごした。その時に執筆したのが『民権自由論』であり、七九年四月に福岡で出版されている。内容は、「民権」「自由」「憲法」など民権運動にとって基本的なことを、身近なところから説明したものである。そのために好評を博して、海賊版も出たという。

ただし、この本は表現は平易でも、文意はつかみにくいところがある。ここでは、その要点を次の三点にまとめておくことにしよう。

第一は、自由の権利は、天が人間に与えた賜《たまもの》であるが、それは黙っていても与えられるのではなく、闘うことを通じてこそ得られるということである。

彼は自らの筆禍《ひっか》事件を通じて、日本にはまだ言論の自由や表現の自由がなく、それは圧制政府との闘いによって獲得しなければならないという確信をもった。そのため、この本では、その権利のあることを知らず、それを行使しない者を、「文明開化の喰《くい》つぶし」とか「世の中の大きな泥棒」とまで言っている。

第二は、政府は人民の合意によって成り立つということである。

植木は、本来あるべき政府とはどういうものであるかを、次のように説いている。〝人間は、互いの権利を守るために、自分たちで政府を作り、法律を設け、役人を雇うのである。それによって各自の権利が不公平にならないようにし、悪いことをする者を罰し、損をする者を救うのである。つまり、政府とは、人びとが幸福安全に生活を送れるようにするために作るものなのである。〟

これはルソーの社会契約説である。ルソーは、人間の自然状態を前提にし、その上に理念的に国家を設定したが、植木はこの説を、実際の政府を批判するために使ったのである。つまり政府は、本来、人民の合議に基づくべきなのに、現在の専制政府はそうではないというのである。

ところで、右の第一はルソーの『社会契約論』第一編第一章を、また第二はその第六章を、それぞれ簡明に解説したものである。植木は早くより、中江《なかえ》兆民《ちょうみん》が『社会契約論』

の一部を翻訳したものを筆写して読んでおり、それから強い影響を受けていた。だが、『民権自由論』を書く時に参考にしたのは、それではなく、服部徳《とく》による全訳の『民約論』（一八七七年十二月出版）である。植木がこの本を購入して読んでいたことは、日記などから確認できる。

服部による『民約論』は、すでにかなり読まれていたようであり、『朝野新聞《ちょうやしんぶん》』一八七九年十二月十九日には、姫路での演説会で、筒井弁治がこの本を講じたところ、臨場の警官から国安を妨害するとして中止を命じられたので、筒井は、〝板権免許を得て発売されている本を講義するのを、警察も禁止はできないのではないか〟と不服を申し立てたという記事が出ている。なお、服部については、いろいろ調べているが、目下のところ手がかりをつかんでいない。

第三は、憲法は根本立法であるということである。この点については、先の「極論今政」でも書かれていたが、ここでは次のように、より平易に説かれている。つまり、〝憲法がなければ政府は圧制を敷き、圧制を敷けば人民がそれに反対し、その結果、国家は乱れる。憲法こそが国家を支える最高の法規である。人民の自由の権利は憲法によって保障されなければならないし、政府の権限も憲法によって規制されなければならない。〟

植木がいかに憲法を重視していたかは、向陽義塾の講義で、西欧の政体や憲法について詳しく述べたフィセリング口述・津田真道《つだまみち》訳の『泰西《たいせい》国法論』（後述）を論じていることからも知りうる。

この第三の憲法の重視という点で、植木はルソーとは逆の立場にあった。「自然児」であったルソーは、明文化された実定法などというものは、時代や状況によって変わるものだとして、ほとんど信頼していなかった。それどころか、『社会契約論』第二篇第十二章の「法の分類」では、憲法とは「大理石や銅版にきざまれるものではなく、市民の心にきざまれる」（桑原武夫・前川貞次郎訳、岩波文庫）ものだと説いている。それに対して植木は、憲法こそが国家の「根本律法」であり、それは明文化された実定法でなければならないとしたのである。

この『民権自由論』で述べていることは、基本的には、先に見た「極論今政」の枠内のことである。ともかく植木は、愛国社の活動家として、当面は民選議院開設の運動に邁進《まいしん》していくことになる。

国会開設運動は、一八八〇年に入ると急速な高まりを見せ、国会開設建白書が五〇通、同請願書三八通の合計八八通に達した。だが、植木の「極論今政」で見たように、国会開設はあくまでも、その時点での目前の要求であって、民権運動のめざしていたのは、それにとどまるものではなかった。では、民権派はどのようなことをゴールとして考えていたのであろうか。この点を明らかにしない限りは、民権運動の歴史的な位置を確認したことにはならないだろう。

民権運動のめざした国家像

そのことを知るのにいちばんいいのは、民権派によって作られた私擬《しぎ》憲法（憲法草案）を見ることであろう。そこには、彼らの理想とする将来の国家像が描かれているからである。

私擬憲法は、一八八九年の明治憲法の発布以前に、七〇ほど作られていたことが確認されている（その多くは、家永三郎・松永昌三・江村栄一編『新編明治前期の憲法構想』〈福村出版、二〇〇五年〉に収録されている）。そのうち約四〇が民権派によるものであり、さらにその約半数は一八八一年に作られている。その理由は、国会期成同盟第二回大会（八〇年十一月）で、一年後に東京で開く予定の次の大会で、加盟各社が憲法見込案を持参して研究することを決めていたからである。

しかし、各地での憲法草案の作成作業は、期成同盟とは直接には関係なく行われていた。たとえば、色川大吉《いろかわだいきち》氏らによって一九六〇年代に発見された「五日市憲法」は、当時の神奈川県西多摩郡五日市村（現東京都）で、地域の人びとの徹底的な討論の積み重ねの上に作られたものであり、その過程は感動的である（色川大吉・江井秀雄・新井勝紘著『民衆憲法の創造』評論社、一九七〇年）。

さて、民権派の憲法草案と言っても、具体的な内容には違いがある。ただ、大半のものは、当時の代表的な民権結社である嚶鳴社《おうめいしゃ》や交詢社《こうじゅんしゃ》のもののように、政体としてはイギリス流の立憲君主制をとり、議会は二院制で、しかも下院は制限選挙である。しかし、植木枝盛の「日本国国憲案」（一八八一年八月）のように、徹底した人民の権利に力点を置くとともに、皇帝の拒否権に制限を設けたり、議会を一院制として上院を置かず、選挙も普通選挙に近いものとしているものもある。ただし、そのようなものは少数派である。

このように、民権派の憲法草案には、それぞれの個性があり、具体的な表現には差がある。しかし、ほとんどの草案は、次の二つが含まれているという点で共通していることも見逃してはならない。つまり、①国民の権利が規定されていること、②三権分立の国家体制をとっていること、である。

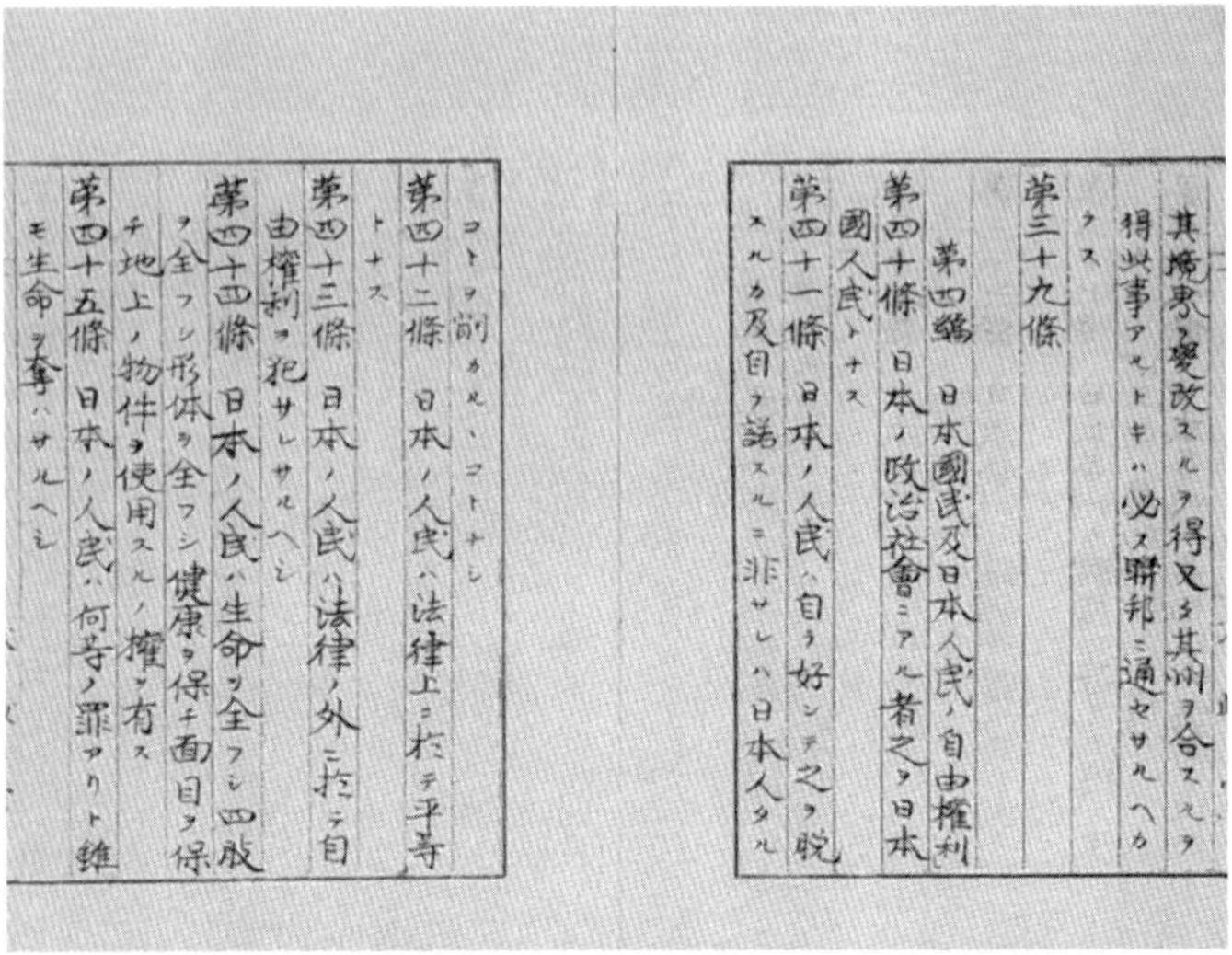
其境界ヲ變改スルヲ得又タ其州ヲ合スルヲ
得ル事アルトキハ必ス聯邦ニ通セサルヘカ
ラス
第三十九條
第四編　日本國民及日本人民ノ自由權利
第四十條　日本ノ政治社會ニアル者之ヲ日本
國人民トナス
第四十一條　日本ノ人民ハ自ラ好ンテ之ヲ脱
スルカ及自ラ諾スルニ非サレハ日本人タル
コトヲ削カルヽコトナシ
第四十二條　日本ノ人民ハ法律上ニ於テ平等
トナス
第四十三條　日本ノ人民ハ法律ノ外ニ於テ自
由權利ヲ犯サレサルヘシ
第四十四條　日本ノ人民ハ生命ヲ全フシ四肢
ヲ全フシ形体ヲ全フシ健康ヲ保チ面目ヲ保
チ地上ノ物件ヲ使用スルノ權ヲ有ス
第四十五條　日本ノ人民ハ何等ノ罪アリト雖
モ生命ヲ奪ハサルヘシ

図3　「日本国国憲案」（植木枝盛起草，国立国会図書館憲政資料室所蔵）

まず①であるが、多くの草案では、最初に「法の前での平等」と「罪刑法定主義」（法律に規定されていないことで刑罰を受けることはない）という近代法の原則が掲げられている。その上で、種々の権利が規定される。たとえば、植木案では、第四編「日本国民及日本人民ノ自由権利」（第四十条〜第七十四条）で、思想・信教・言論・出版・集会・結社・居住・教育・学問など、さまざまな自由・権利が書かれている。それらは、現行の日本国憲法第三章「国民の権利及び義務」で書かれているものときわめて類似している。

もう一つの例として、福岡の筑前共《ちくぜんきょう》

愛会《あいかい》による「大日本憲法大略見込書」（一八八〇年二月）を見ておこう。筑前共愛会は、のちに右翼結社の玄洋社《げんようしゃ》になっていくので、民権運動の研究者の評判は芳しくない。しかし、この草案は、政体では穏健なイギリス流の立憲君主制がとっているとともに、第三章（第二十三条～第四十一条）が「国民及ヒ国民ノ義務」となっており、言論・思想・印刷・信書・結社・集会・学問・教育などの自由が規定されている。さらに、第三十二条には、（警察が）勝手に家に入ってきて人を捕らえ、入獄させて、人身の自由を侵してはならないとあるのは興味深い。このようなことまで憲法に入れているのは、当時の民権派に対する警察の抑圧の激しさを物語るものである。

以上、植木と筑前共愛会の草案を見たが、国民の権利については、この二つに限らず、他の多くの民権派の草案でも、共通して書かれている。

次に②の三権分立の国家体制をとっていることについてであるが、この点については、草案ごとの具体的な表現の差は大きい。しかしながら、ほとんどの草案は、立法・行政・司法の三権については、独立の編や章を立てている（ただし、三権の相互牽制という観点は希薄である）。その理由は、この時期の憲法草案の多くが、西欧諸国で実際に施行されていた憲法を参考にしたためであろう。それはまた、当時の国家体制が三権分立から遠いものであることへの批判でもあった。

その頃の三権のあり方を整理しておけば、次のようなものである。一八七五年二月、大《おお》久保利通《くぼとしみち》が大阪まで出向き、板垣退助と木戸孝允《きどたかよし》とを招いて会議を開いた（大阪会議）。そこでの合意により、二人は政府に戻ることになるが、それとともに、「漸次《ぜんじ》立憲政体の詔勅」（四月十四日）が出された。それに基づいて、間もなく大審院《だいしんいん》と元老院《げんろういん》が置かれて、一応は司法権と立法権を、政府から分化する道ができた。そして、司法権については、五月二十四日に大審院、上等裁判所、府県裁判所の各職制章程《かくしょくせいしょうてい》が出されて、分立した。

立法権についても、実はそれより早く、四月二十五日に元老院章程が作られて、元老院が法律議定権をもつとされた。しかし、その元老院は従来の左院を衣替えしただけであった。しかも、大久保は間もなく、その権限を大幅に縮小してしまうのである。それに怒った板垣退助は、再び参議を辞任することになる。そして結局、その後も、大久保ら一部の高官だけが国策を決定し、同時に執行するという形が続いていく。つまり、立法権と行政権とが未分化のままの「有司専制《ゆうしせんせい》」体制が存続していたのである。

民権派の憲法草案が、三権分立を規定し、立法権に多くの条文を割いたのは、このような「有司専制」に代わる国家体制を作るべきであると考えていたことの表われである。もちろん、民権派の草案といえども、立法権のすべてを下院に与えているものではなく、それを皇帝と共有・分有する「君民共治」「君民同治」が多かった。しかし、たとえそうであっても、民選というプロセスを経た議員からなる議院が存在するということは、君主専制体制と比べれば、天地の差がある。また、議院が一院制であるか二院制であるか、普通選挙であるか制限選挙であるかということも、必ずしも決定的なことではない。そのことよりも、国策の決定に当たっては、必ず民意の代表者で構成する議院の議を経ることを制度化していることの方が、はるかに重要なのである。民権派の草案は、この点を踏まえていた点において評価できる。

さて、このような国民の権利と三権分立の二つが明記された憲法に基づく国家体制のことは、一般に立憲政体と呼ばれる。憲法学者たちの説くところによれば、近代的立憲体制の歴史的根拠は「人および市民の権利宣言」（いわゆる「フランス人権宣言」一七八九年）の第十六条である。具体的には、「権利の保障が確保されず、権力の分立が規定されないすべての社会は、憲法をもつものでない」（高木八尺・末延三次・宮沢俊義編『人権宣言集』岩波文庫、一九五七年）である。この古典的な規定に基づいて、権利の保障と三権分立を規定した憲法をもつ国家体制を、立憲政体と呼ぶのである。

このことを踏まえれば、多くの民権派の憲法草案が掲げている国家体制とは立憲政体であったと言うことができる。つまり、民権派が理想とし、樹立をめざしていた体制とは立憲政体であった。したがって、民権運動は、理念としては「立憲政体の樹立をめざす運動」であったと言うことができる。

民権派と非民権派

ところで、当時出された私擬憲法の全体を見てみると、一部の国粋《こくすい》派のものを除けば、民権派以外のものでも、国民の権利の保障と三権分立の二つが書かれていることが分かる。たとえば、御用新聞と言われた『東京日日《にちにち》新聞《しんぶん》』の「国憲意見」（一八八一年三月三十日〜四月十六日掲載。主筆の福地源一郎の執筆と思われる）もその一つである。その「緒言」には、憲法は「万世《ばんせい》一系ノ皇統ヲ不窮《ふきゅう》ニ継承」し、「帝室ノ政権ヲ鞏固《きようこ》」するために作るのであるとあり、のちの明治憲法を想わせるものがある。しかし、その条文には近代立憲主義的憲法の二つの要素が入っている。つまり、国民の権利については、信教・演説・言論・財産所有の自由などが書かれているし、政体についても君民同治の下で、立法権は天皇・上院・下院の三つが等しく共有するとしており、さらに内閣大臣（行政）と司法も、それぞれ独立した章を設けている。

つまり、民権派・非民権派の草案は、ともに近代国家の憲法とは国民の権利を認め、三権分立の体制をとるものであるということを前提にしていたのである。そこに多少の表現の違いはあっても、その差は量的なものである。

そもそも、非民権派も、日本の国家体制が現在のままでいいと思っていたわけではない。彼らの中にも、将来は立憲政体をとらなければならないと考えていた者も少なくはないのである。この点では、彼らも民権派と同じ次元に立っていた。

しかし、このように言ってしまうと、民権派と非民権派との差がなくなり、民権運動の意味がなくなってしまうのではないかという異論が出るかもしれない。だが、両者には、時期と主体的参加という二つの点で、決定的な違いがあった。

まず、時期の問題である。民権派は、早期に国会を開設することを要求し、それが実現すれば、国会で国約憲法を討議・作成することをめざしていた。しかし政府は、民選議院の開設や憲法の制定が、たとえ将来には不可避であっても、できるだけ遠い未来のことにしようとした。たとえば、一八七九年十二月、天皇が参議たちに憲法に関する意見を求めたとき、早く憲法を制定し国会を作るべきだと答えたのは大隈重信《おおくましげのぶ》だけであった。大隈は、それが原因で閣内で孤立し、やがて「明治十四年の政変」で追われることになる。

立憲体制の早期導入を主張する民権派と有司専制体制の維持をはかる政府とが、このように対立する中で、非民権派は民権派に与《くみ》することはなかった。必ずしも積極的に政府を支持したわけではないが、少なくともそのような態度を容認ないしは黙認していた。これが、時期をめぐる民権派と非民権派との違いである。

両者の違いは、二番目の参加の問題ではさらに明瞭である。たとえば後者の啓蒙派知識人の代表とも言うべき福沢諭吉の場合を見れば分かりやすい。福沢は、日本も将来、立憲政体を採用すべきであると考えており、自分なりの方法で、その実現をめざしていた。しかし、衆を恃《たの》んで運動を展開する方法には反対であり、民権運動からは一貫して距離をとっていた。むしろ彼は、政府を立憲政体の方に少しずつ近づけることに、いろいろ心を砕いたのである。

開明派官僚の場合は、さらに明らかである。官吏である限り、いかに民権思想に共感するものがあっても、正面から政府に楯突《たてつ》くわけにはいかない。そのことから、自説を貫くためには、沼間守一《ぬまもりかず》のように、官吏を辞職して、民権運動に身を投じる者も出てくる。さらに「明治十四年の政変」で、多数の開明派官吏が大隈とともに辞任するのもそのためである。

民権派と啓蒙派知識人・開明派官僚などの非民権派との違いは、以上のようなものである。つまり、両者は日本が立憲政体をとる必要があるという点においては、ほぼ同じ思想的次元にあった。しかし、民権派はその早期実現をめざして、主体的に参加したが、後者はそういうことはしなかった。この点では決定的に違っていたのである。

以上のことを踏まえれば、民権運動とは「立憲政体の早期樹立をめざして展開された運動」であると改めて規定することができる。

とはいっても、民権運動は、何よりも多面的な実践活動であり、このような言葉で包括できるものではない。そもそも、それに参加した者がすべて、憲法、三権分立、立憲政体などを意識していたわけではないし、そのような規定から外れることも多かった。しょせん「理論は灰色で、緑なのは生《なま》の黄金の樹（＝現実）だけ」（ゲーテ『ファウスト　第一部』）である。理論が歴史の現実のすべてを捉えきることはできないのである。

しかしながら、右のような捉え方をすることによって、従来はあまり注目されていなかった民権運動の姿を描くことができるであろう。そして、民権運動の真実の姿に一歩でも近づくことが可能となるのである。

自由民権運動以前

日本の立憲制の歴史を考える場合、一八六〇年に起こった二つの出来事は、大きな指標になる。そこには、まだ立憲制とは無縁な時代の日本人の行動のあり方が、象徴的に示されているからである。

一八六〇年の二つの出来事

一つは、三月に大老井伊直弼《いいなおすけ》が、水戸の浪士たちによって殺害された桜田門外《さくらだもんがい》の変《へん》である。井伊は一八五八年に大老に就任すると、日米修好通商条約の調印を進めて、反対する者を力で押え込んだ。いわゆる安政《あんせい》の大獄《たいごく》である。将軍継嗣問題もからんで、徳川斉昭《とくがわなりあき》・一橋慶喜《ひとつばしよしのぶ》・松平慶永《まつだいらよしなが》らを幕閣から失脚させるとともに、過激な尊攘派の吉田松陰《しょういん》・橋本左内《さない》・頼三樹三郎《らいみきさぶろう》らを処刑した。それは、反対派から見れば、独裁的な恐怖政治以外の何物でもなかった。

国民の意思を政治に反映させる制度がなかった時期にあっては、そのような状況を変える手段として選ばれたのがテロである。当時は、国策を遂行する者も、またそれに反対する者も、生きるか死ぬかの命がけであった。

もう一つは、その年の四月四日、ワシントンのアメリカ議会を、幕府使節団が傍聴したことである。彼らは、日米修好通商条約の批准書の交換のために訪れたのである。この時の渡米では、随行船の咸臨丸《かんりんまる》が有名であるが、咸臨丸はサンフランシスコまで往復しただけである。いっぽう、正使新見正興《しんみまさおき》以下の一行七七人（あるいは七六人）のこの使節団は、正月十八日、米船ポーハタン号に乗って品川沖から船出し、サンフランシスコに着いたが、そこから南下してパナマに至り、カリブ海を経て、閏三月二十四日にワシントンに着いた。しかも、批准式を済ませた後、大西洋を横断し、喜望峰《きぼうほう》・インド洋を経て九月二十八日に帰国するという九ヵ月間の世界一周も経験する。

一行のうちで実に約三〇人が、日記・日録・紀行などを残している。そこには、西欧を初めて見たときの素直な感想が綴られており、当時の日本人の対外観を垣間見《かいまみ》ることができる。中でも、副使の村垣範正《むらがきのりまさ》の書いた『航海日記』は、非常に克明なものである。特に

図4　村垣範正

アメリカ議会を訪れた際の記述は興味深い。

村垣は、議員たちが大声で議論し合っている様子を、日本橋の魚市によく似ていると書いているのである（原文は、「国政のやんことなき評議なれと……大音に罵《ののし》るさま……我日本橋の魚市のさまによく似たり」大塚武松編『遣外使節日記纂輯　第二』一〇五ページ。日本史籍協会〈非売品〉、一九二八年）。ともかくこれが、日本人が西欧の議会を初めて見たときの印象なのであった。

右に挙げた一八六〇年という時期の二つの出来事は、立憲制のことをまったく知らなかった日本人の姿を示すものであり、本書の出発点としておきたい。

一八六四年の池田遣欧使節団―積極的対外策の提案

その後、幕府は毎年のように西欧に使節団を派遣するが、そのたびに日本人の対外認識は変化する。一八六二年の竹内保徳《たけのうちやすのり》を正使とする遣欧使節団の目的は、江戸・大坂の開市と兵庫・新潟の開港の延期を、フランス・イギリス・オランダ・プロシア・ロシア・ポルトガルの六ヵ国に認めてもらうことにあった。その交渉には成功したが、その際に結んだ

「ロンドン覚書」では、輸入税率の大幅な軽減が決められて、その後の日本の貿易を大いに苦しめることになる。

ただ、この使節団は各国のさまざまなところを見て回っており、後の岩倉使節団（一八七一〜七三年）の予行演習の役割を果たすことになる。また、この使節団に加わった福沢《ふくざわ》諭吉《ゆきち》、福地源一郎、箕作秋坪《みつくりしゅうへい》たちの記録からは、二年前の遣米使節よりも、はるかに進んだ西欧認識をうかがうことができる。

特に福沢は、その時の見聞を踏まえて、のちに『西洋事情　初編』（一八六六年）を著し、西洋の政治をはじめ、教育・文化・技術に関する合計二四項目について紹介している。たとえば、政治のところでは、世界の政体には立君《りつくん》（立君独裁と立君定律）、貴族合議、共和政治の三つがあることを詳しく説明している。この本は、日本人による最初の本格的な西洋紹介書であるが、偽版を合わせて二〇〜二五万部も出たというほど大好評であった。さらに『外編』（一八六七年）、『二編』（一八七〇年）も、やはり大ベストセラーとなる。そのことは、外国の事情を知ろうとする人びとが、当時、急増していたことを示している。

幕末の遣外使節団の中で特筆されるのは、一八六三年（文久三）十二月〜六四年七月の池田使節団である。一行は、正使池田長発《いけだながおき》、副使河津祐邦《かわづすけくに》、目付河田煕《かわだひろむ》の三使ほか三一名であった。その目的は、欧米八ヵ国（竹内使節団の相手の六ヵ国とアメリカ・スイス）に、すでに開港している横浜港を閉鎖すること、つまり貿易の中止を認めてもらうことであった。実は幕府も、そのような要求が認められないことは分かっていたのだが、将軍家茂《いえもち》の上洛《じょうらく》を前にして、頑迷な攘夷論者の孝明《こうめい》天皇のご機嫌取りのために派遣したのである。使節団は、いわばその人身御供《ひとみごくう》であった。

使節団は、一八六四年三月中旬にパリに着いた。しかし、交渉はまったく相手にされなかった。逆に、前年五月に長州藩がフランス船を砲撃したことの賠償金一四万メキシコ・ドルを支払うことや、さらに敷物・籐《とう》など一〇品目の輸出品を無税とし、酒・時計など一〇品目の輸入税は五％、その他一一品目は六％とするという内容の「パリ約定《やくじょう》」を結ばされたのである。

正使の池田は、交渉の不首尾に悩み、ホテルで切腹しようとしたが、周りの者にとめられたというエピソードもある。結局、一行は貿易の中止がとうてい不可能であると知り、その他の七ヵ国との交渉をいっさい断念して、五月十七日、帰国の途に就く。そして七月十七日、横浜港に戻ってきたのである。

一行がフランスに滞在したのは、わずかに二ヵ月間に過ぎなかった。しかし、その間に彼らは、シェルブールの軍港や海軍の設備、蒸気機関の工場、金銀のメッキ工場、造幣局、活版印刷工場などを精力的に見て回った。当時のフランスは、ナポレオン三世が絶頂を極めていた時期であり、イギリスと並んでヨーロッパで最先端の技術を誇っていた。短い滞在ながらも、その西欧体験は、彼らに強い衝撃を与え、その文明観を大きく転換させることになったのである。

一行の想定外の早い帰国に、いちばん驚いたのは幕府である。そのことを朝廷や攘夷派に知られることを恐れて、若年寄《わかどしより》が横浜に来て、上海か香港に姿をしばらく潜めているように命じた。だが三使は、それを振り切って江戸に入った。彼らはすでに幕藩制的な忠誠観のそとに、より大きな価値を見出していたのである。

三使は、ただちに帰国の報告書と長文の上申書を提出した（「仏国巴里《パリ》府より一ト先《ひとまず》帰府仕《つかまつり》候趣意柄申上候書付」『幕末維新外交史料集成第六巻　修好門』一三四〜一五〇ページ）。その内容は、以下のようなものである。

①ヨーロッパ各国に弁理《べんり》公使を置いて欲しい。

②ヨーロッパのみならず、他の地域の独立国とも条約を結び、万一、戦争になった時の備えにして欲しい。

③西洋の軍隊（海・陸二軍）の長所を学ぶために、留学生を派遣して欲しい。
④西洋諸国の新聞の定期購読者となり、内外の事情に通じて欲しい。
⑤商業以外の目的でも、外国に行けるようにして欲しい。

この上申書を貫いているのは、西欧は日本よりもはるかに進んでおり、このままでは日本は崩壊してしまうという危機意識である。その上で、進んだ西欧に学ぶとともに、世界の大勢を知らねばならないとして、積極的な対外政策の転換を提案しているのである。一八六四年という時点で、幕府にこれほどまで大胆な提案をした者はいないであろう。

パブリック・オピニオン「ペンは剣よりも強し」

三使の言動に激怒した幕府は、三人を「狂人」として扱い、彼らの結んだ「パリ約定」をすぐに破棄した。また、正使の池田は免職の上、備中《びっちゅう》井原の領地一二〇〇石を半減して六〇〇石とし、隠居・蟄居《ちっきょ》を命じた。副使の河津と監察（目付）の河田には、小普請《こぶしん》入りを命じた。それらの処分は、旗本にとっては屈辱的なものであったが、反逆の代償としては軽かったとも言える。一昔前ならば、切腹以外はありえなかったであろうが、幕府は彼らを「狂人」と位置づけることによって、その反逆を幕藩制の正統秩序の枠外に投げ出したのである。すでに、彼らに切腹を命じることのできない時期になっていたのであろう。

外交史的に見れば、この使節団は何らの成果もなかったものである。そのため、幕末維新期外交史研究の労作の石井孝『増補　明治維新の国際的環境』（山川出版社、一九七三年）でも論及されていない。しかし、日本人の対外観の変化や日本人の立憲制認識の歴史という視点から光を当てれば、燦然《さんぜん》と輝くマイルストーンである。

三使の上申書は、全体に関するもののほかに、右の五項目について個別のものがあり、合計で六通である。この中で、右の④の「新聞紙社中へ御加入之儀申上候書付」（原題）は、特に注目に値するものである。内容は、新聞は内外の情報を知る上で重要であるから、ぜひ定期購読をして欲しいというものである。

その冒頭の部分を、できるだけ原文に近い読み下し文にしておこう。

西洋各国において、新聞紙と相唱へ候ものは、各国会同征伐をはじめ、閭巷瑣末《りょこうさまつ》之事に至る迄、見聞の及び候処を悉《ことごと》く載せ、具《つぶ》さに書き仕り、或いは毎日、或いは毎周刊《ママ》刷致し、播伝《はでん》仕り候儀にて、固《もと》より訛伝《かでん》等も有之《これあり》候えども、采覧《さいらん》仕り候ものは、座《いな》がら四方之事情を相弁《わきま》へ、殊《こと》に在上之もの抔、下情に通じ候ためには必要之品にて、耳目を開き智識を博め候一助と仕り候事は申す迄も之なく、就中《なかんずく》パブリツクオヒニオン（公論之儀）と相唱へ候は右新聞紙の一種にて……。（傍点は稲田）

要約すれば、次のようになる。〝西洋各国では新聞というものが、日刊や週刊で出ている。そこには国際間の会議や戦争から、国内のさまざまなことまで載っている。したがって、国家の上に立つ者が世情に通じるためには必要なものである。新聞は特に、パブリック・オピニオンの形成の一翼をも担っている。〟

パブリック・オピニオンは、やがて「公議輿論《こうぎよろん》」として広く使われていくことになる。欧米に新聞のあることはすでに知られていたが、それが輿論形成に果たす役割に触れたものはなかった。この点で、この上申書は画期的なものである。その少し後には、以下のような文章もある。

一体西洋各国之風儀は御国抔《など》とは違ひ、君民同権之政治に御座候て、上下議院之論一致仕らず候儀は、政府にても制服仕らせ候権は無之候間、政府へ引合候外、又国民之心を取り候事大切に御座候間、右往復弁論之内には彼是之事情相通じ、自然と至公至平之議論を得候て、強弱小大之勢を以て鉗制《かんせい》仕り候様之儀、先《まず》は無之都合に相成り居り候。既に彼方之諺にも筆戦と唱へ候て一張之紙数行之墨にても、時に寄り候ては百万之兵卒にも勝り候威力御座候など申し唱へ候位之儀に御座候。右故《みぎゆえ》西洋各国政府においては、各右社中へ仲間入致し、交際上之儀彼是之議論等、表向きは弁理公使に引合させ、内には右パブリツクオヒ〈ニ〉オンにて国民之心を傾け候様之方略相施し候（後略）。（傍点は稲田。〈　〉は補った字。）

この前半の要約は次のようなものである。〝西洋の各国では、日本などとは違って、君民同権の政治が行われており、上下両議院の議論の一致しないままに、政策を国民に強制することはできない。そのため政府は「国民之心」を大切にして、国民との間での弁論の往復を繰り返す。それを通じて公平な議論が生まれるのであって、力の強弱や大小によって抑えるようなことはしない。〟

ここには、西欧における政治のあり方が的確に書かれている。つまり、「君民同権」の下における政治では、「上下議院」の議論が一致しなければならないし、政府も国民の支持を得ないで政治を行うことはできないというのである。これは、西欧の政治を基準にした幕府政治への強烈な批判である。

だが、それ以上に驚くのは、それに続く「筆戦」を紹介した後半である。〝一枚の紙切れの数行の文章は、百万の兵に勝るのだ〟というのである。つまり「ペンは剣よりも強し」ということを訴えているのである。その上でさらに書く。〝新聞は、対外的には世界の情勢を知り正確な情報をえるために、また国内的にはパブリック・オピニオンを形成す

図5　池田長発陣屋跡（岡山県井原市）

るために、ともに必要である。〟
以上の文章に出ている「パブリックオヒニオン（公論之儀）」「君民同権」「上下議院」「国民之心」「至公至平之議論」「筆戦」などの言葉は、近代政治のエスプリと、その中で果たす言論の役割とを示した言葉である。少し先走って言えば、一〇年後に始まる民権運動の思想的エッセンスが表われていると言える。

この三使たちと後の民権運動との間には、人的系譜はまったくない。今日では、彼らは歴史のひだに埋もれて、ほとんど忘れられた存在になっている。だが、彼らは「立憲政体の樹立」を理想として掲げたことの確認できる最初の者たちである。その意味では、三使をプレ民権家と呼んでもいいだろう。

なお、その後の彼らについて触れておくと、混迷する政局の中で、幕府も彼らを復権させざるをえなくなる。河津は翌六七年正月には勘定奉行に登用され、さらに六八年二月には若年寄となった。ただその翌月死去した。また河田も、陸軍奉行並《なみ》支配となり、六八年二月には大目付として、瓦解直前の幕府を支えた。池田も、翌六七年はじめ軍艦奉行並となる。しかし、六月に辞し、その後は郷里の近くの岡山に戻り、一八七九年に享年四十三歳で没している。

三使は、一八六四年七月という時点で、言論こそが国家を動かす力であることを、身を挺して幕府に上申した。それは、村垣範正がアメリカ議会を日本橋の魚市のようだと評してから、まだわずか四年余のことであった。

留学生たち

幕府は、留学生をオランダ（一八六二年）、ロシア（六五年）、イギリス（六六年）、フランス（六七年）に送り出した。オランダに派遣された九人のうちで、西周《にしあまね》と津田真道《つだまみち》は、日本の立憲制史上に大きな功績を残すことになる。二人は、ライデン大学のフィッセリングについて約二年間学んだ。フィッセリングは、イギリス憲法に重きを置いた法学者である。二人は帰国後、彼の講義用原稿を鉛筆で筆写してきたものを翻訳した。西のものは『万国公法《ばんこくこうほう》』として、また津田のものは『泰西国法論《たいせいこくほうろん》』として、ともに一八六八年に刊行される。

図6　西　周

『万国公法』は世界には一国の利害を超えた国際法があることを、また『泰西国法論』は国家には根本律法である憲法が必要であることを、人びとに教えた。特に『泰西国法論』は、世界の政体には合計五つの種類があることを説明している。まず大きく多頭政治と一頭政治とに二分し、さらに前者には平民政治と豪族政治の二種があり、後者には「君威無量」（＝君主独裁制）、「無限君主」（＝専制君主制）、「有限君主」（＝立憲君主制）の三種があるとしたのである。そして、その中で「有限君主」を君主権が憲法によって制限されている国体であるとして、評価している。この本では、まだ憲法という語を使わずに、「根本律法」「定律国法」「国憲」という語を使っているが、憲法の役割を重視し、第四巻のほぼ全部を使って憲法について説明をしている。

西と津田の二人はすでに、近代国家とは、その根本に憲法をもつことや、三権分立の上になりたつものであることを論じていた。西が、後に板垣たちの「建白書」を空疎なものとして批判するのも当然である。

同じ頃に加藤弘之が『立憲政体略《りっけんせいたいりゃく》』を著した。この本では、世界の政体を三つの君政

（「君主擅制《せんせい》」「君主専治」「上下同治」）と二つの民政（「貴顕専治」「万民共治」）の五つに分けている。このうち、君主擅制・君主専治・貴顕専治の三つを未開国の政体であるとしてしりぞけ、「上下同治」（＝君民共治）と「万民共治」（＝共和制）の二つを立憲政体として評価している。加藤はすでに一八六一年（文久元）に『鄰草《となりぐさ》』という非公開の冊子を書いて、世界の政体を四つに分けて説明していた。したがって、この『立憲政体略』はそれを発展させたものとも言えるが、この中には、津田の『泰西国法論』から借りている部分がかなりあるように見える。加藤は留学の経験はないが、津田とは開成所の同僚であった。

ただし、この本は、「立憲政体」という言葉を初めて使ったという点では、歴史的意義をもつものである。加藤は、その後も『真政大意《しんせいたいい》』（一八七〇年）で天賦人権論を説き、さらに『国体新論』（一八七四年）で、西欧近代政治理論を体系的に説明した。『国体新論』の中の「君主モ人ナリ、人民モ人ナリ」などは、のちに民権家になる者たちの心を強く動かす文章になる。加藤は、民選議院論争では時期尚早論の代表的論客となり、その後も一貫して民権派には与《くみ》しなかった。しかし、明治初期に、立憲制の紹介に果たした功績は、認めなければならない。

以上のように、福沢・西・津田・加藤らは、幕末に西欧の立憲制を積極的に紹介していた。彼らは幕藩体制が西欧の君民共治に似た体制に軟着陸していくことを期待していたのである。したがって、その彼らの眼には、「無知」で「粗暴」な尊攘倒幕派が幕府を亡ぼしたことは、立憲制への道が遠のいたように映った。

話を元に戻すと、幕府は一八六六年にイギリスへも一四人の留学生を送った。リーダーは中村敬輔《けいすけ》（正直《まさなお》）で、ほかに林董三郎《はやしとうざぶろう》・外山捨八《とやますてはち》（正一《まさかず》）らである。中村は、維新後に『自由之理』（J・Sミルの *On Liberty*）と『西国立志編《さいごくりつしへん》』（スマイルスの *Self-Help*）の二つの翻訳書を出し、青年たちに多大な影響を与えることになる。

留学生は、諸藩からも派遣されている。長州藩はすでに一八六三年に五人を、薩摩藩も六五年に一九人を、それぞれイギリスに送り出した。もちろん、すべて密出国であるが、その中には後に明治政府の要職に就く井上馨《いのうえかおる》・伊藤博文《いとうひろぶみ》（長州）や、寺島宗則《てらしまむねのり》・森有礼《もりありのり》（薩摩）などが含まれていた。その後、幕府は、一八六六年四月に修学や商売をする者に限り、海外渡航を正式に解禁する。それによって、仙台・福岡・福井・佐賀など一〇の藩でも留学生を送り出すことになる。

石附実《いしづきみのる》『近代日本の海外留学史』（中公文庫、一九九二年）によると、一八六〇年から六七年までの留学生は、幕府・諸藩その他合計一五二人に達したという。したがって、幕末期には、使節団や留学生を合わせて約三〇〇人が、自分の目で西欧の世界を見ていたことになる。

以上が、明治維新前の日本人と立憲制との関係である。一八六〇年からわずかに八年ほどの間に、このように日本人の立憲制理解は、深まりつつあった。「建白書」の裾野は、すでにある程度は広まっていたのである。

官選議院の失敗

王政復古後の政府は、福沢たちの予測とは逆に、立憲制への試みを始めた。当時の政府は、武力討幕路線をとった薩長両藩、大政奉還《たいせいほうかん》路線をとった土佐藩、朝廷の公家勢力などの連合体であったが、新国家体制の理念をリードしたのは大政奉還派である。彼らは、公議政体論を基本的な理念とする「政体書」（一八六八年閏四月）を出したが、そこでは権力はすべて太政官のもとに立法・行法・司法の三権を置くとした。そして、立法は、「公議輿論」をたてまえとし、各藩（各府・各県を含む）の代表による審議機関を作ることにした。だが、その機関は、まさに朝令暮改を地でいったごとく、次のようにめまぐるしく変わる。

①貢士《こうし》対策所（六八年五月設置）……貢士は藩の石高に応じて一～三人

②公議所《こうぎじょ》（六九年三月設置）……公議人（議員）は各藩の執政・参政の中から一人

③集議院《しゅうぎいん》（六九年七月設置）……議員は各藩の大参事・権大参事の中から一人

ここで重要なことは、これらがすべて諮問機関にすぎなかったということである。たとえば公議所では、火葬の廃止、切腹の禁止、廃刀など六六件の議案が審議されたが、その決議がそのまま採用されたわけではなかった。そのために、議員である公議人たちの評判も良くなく、政府に反感をもっていた米沢藩の雲井龍雄《くもいたつお》のように、辞職してしまう者もいた。そして、③の集議院も、一八七〇年九月十日を最後に、後は開かれなくなる。

形から入ったこの制度は、無残にも失敗した。その原因は、政府も各藩も、立法機関の意味を理解していなかったからである。政府は議院が審議して決定したことを採用しなかった。また、藩主の中には、議員を在京させておくのは無駄な出費であるとして、議員を出さない者すらあったのである。

これらの審議機関は、官選議院と呼ばれる。貢士・公議人・議員が選挙で決められたのではなく、藩主の推挙（＝官選）だからである。立憲制議会の議員は、国民のフィルターを経た民選でなければならないので、官選議院は民選議院の前史と言うことはできない。

政府が、このような試行錯誤を繰り返している間に、西欧の様子を紹介した本が次々と出されていった。幕末から「建白書」までの間に刊行された憲法や政府に関する本だけでも、五〇点を越えている。そのような状況であれば、民選の立法機関を求める意見が、官民を問わず起こってきたのも当然であった。

左院での下議院設置の動き

その動きは、まず政府の中から起こった。廃藩置県後、政府の機構は大きく変わり、太《だ》政官《じょうかん》の下に正院《せいいん》・右院《ういん》・左院《さいん》を置く三院制を採用することになった。右院は各省の行政について審議し、左院は諸立法について審議する機関である。そして、正院はその上に立つ最高決定機関であり、太政大臣・納言《なごん》（後に左大臣・右大臣となる）・参議などで構成する。これが三院制である。

審議機関である左院は、議長、副議長、一～三等の議員（のち大・中・少の議官と議生に改正される）からなるが、その任免権は正院にあった。したがって、選挙による代表ではない。だが、仕事への取り組みという点では、最初から実務と割り切った左院の方が、官選議院に比べて、はるかに精力的であった。特に、西欧志向が強く、使命感に燃えていた開明派議官たちは意欲的であった。

一八七二年四月、少議官儀制課長の宮島誠一郎が後藤象二郎《ごとうしょうじろう》議長に「立国憲議」を提出したのも、その現われである。その内容は次のようなものである。

〝日本では長らく君主独裁が続いてきたので、人民が権利と義務について正しく知らないので混乱が起こっている。したがって、まず「国憲」（＝憲法）を確定し、それに基づいて民法を定め、次に刑法を作る必要がある。憲法は、まず左院で議論したものを、現在の三院制の下で決定し、最後には天皇が裁可して布告することにする。そして、しばらくはこの憲法によって政治を行い、右院（各省長官と次官）と府県官員による会議を当面の民選議院とする。しかし、やがて「開化ノ進度」を待って「真ノ民選議院」を設けて、そこでの審議により、君民共治を盛り込んだ「至当ノ国憲」を制定することにする。このようなものが好ましい順序である（宮島「国憲編纂起原」『明治文化全集　憲政篇』）。〟

しかし、後藤議長はこの「立国憲議」を取り上げなかった。副議長江藤新平《えとうしんぺい》が反対したためであるという。江藤はフランス法に詳しく、憲法は広く人民がかかわって決めるべきだというのが持論だったらしい。

だが、江藤が司法卿として転出し、副議長が伊地知正治《いじちまさはる》に代わると、左院は五月十九日、正・副議長の連名で「下議院ヲ設クルノ議」を正院に提出する。この建議は、冒頭で「人民天賦《てんぷ》ノ霊智」には上下の区別はないという天賦人権論を説き、それに基づく参政権を述べている。そして、廃藩置県後も、全国の県治が一定しないのは、上下同治の制ができていないからであり、早く西洋諸国のような上下の議事院を設置すべきであるとしている。具体的には、現在の左院を上院とし、さらに「広ク下ノ衆説ヲ採ル」ために下議院を設置して、全国の代議士を集めて国是を議せしめるべきであるというのである。上下議事院の権限は、財政の審査権と法律の制定権である。

この建議は四〇〇字弱の短文だが、民選議院を設置することの意義と、その具体的内容について、必要最低限のことが書かれており、のちの板垣退助たちの「建白書」よりも質が高いと言える。

正院はこの建議を受けると、その議院の規則を作るように左院に命じた。左院もすぐ作業に入り、早くも八月に「国会議院手続取調」を確定した。その概要は、〃国会議院は東京に置く。毎年九月中旬に召集し、十月中旬に開院し、日数は九〇日以内とする。ただし、今年は最初なので、九月から五〇日間とする。その議員は、各府県代表であり、今年に限り参事および権参事から一名をもって充てるが、来年からは、各府県が資産のある農工商による選挙で議員一人を決めることにする〃というようなものであった。そして、この

「手続取調」には、その議員の資格や選挙方法までも明記していた。このように、国会議院の開院は、まさにもう一歩のところまで来ていたのである。

だが、後藤象二郎は、部下たちが作ったこの「手続取調」を握りつぶした。異論や不備があるとして、再審議を命じたわけでもないのに、正院に上達しなかったのである。要するに、「手続取調」は議長の下で眠ったままであった。

後藤象二郎という人物は、歴史の節目にときどき顔を出す。いくつかの本では、彼を「不倒翁《ふとうおう》」としているが、中には「機会主義者」と書いているものもある。後藤は、たいていの場合、歴史の流れをねじ曲げるような行動をするのである。この時もそうであった。もし左院議長として、若手議官たちの努力の結晶を少しでも実現させようと動いていれば、日本の立憲制の歴史は違った道を歩んでいたかもしれない。

宮島は、せっかく作った「手続取調」が後藤によって放置されたままになっているので、参議の板垣退助に相談した。板垣の答えは、先に行われた天皇の中国・九州巡幸（五月～七月）ののち、閣内の中心である西郷隆盛《さいごうたかもり》が気勢をなくしており、今の政府内は全体が消極的になっているので、国会の設立などはおぼつかないだろうとのことだった。

翌年五月、大蔵省が地租改正法について、府県の地方官たちに説明する会議を開くことになった。宮島ら左院の議官たちは、それを好機として、上京してくる地方官を議員とする「国会院」を作ろうとして奔走した。しかし、その直前に、井上馨大蔵大輔《おおくらたゆう》の辞任問題が起こった。さまざまな改革を行うために高額な予算を請求する各省と、それをはねのける大蔵省との間の対立が高まった中で、井上は、このままでは累積赤字のために国会財政は破綻するという奏議《そうぎ》（天皇への意見書）を出して、職を投げ出してしまったのである。その騒ぎのために会議は中止となり、左院の議官たちの努力も水泡に帰した。

その後、わずかな理解者として期待していた左院副議長の伊地知正治も、病気と称して自宅に引き込んでしまった。そしてほどなく、閣内では征韓論《せいかんろん》が起こってきて出兵が議論されると、下議院設置どころの話ではなくなった。かくして、下議院設置の試みは、実現することなく終わったのである。

さて、以上のような一八七三年五月までの左院の動きの中で、のちに「建白書」を提出する四人の前参議は、どのように対応したのであろうか。副島種臣《そえじまたねおみ》はもともと下院などには無関心であった。江藤と後藤は、左院の正・副議長であったが、その動きを進めるのではなく、むしろ抑えようとした（ただ、江藤は憲法や国会について宮島らとは異なった意見をもち、否定的な対応になったのかもしれない）。また、板垣は相談を受けたが、自分から積極的に動こうとはしなかった。

宮島の「国憲編纂起原」は、一八七二〜七三年当時に書かれたものではなく、一八八一年五月になってから岩倉具視《いわくらともみ》に提出されたものであることに注意しておく必要もあろう。つまり、後からの正当化もあるかもしれないのである。さらに宮島は大久保に近く、伊地知は元もとは西郷に近かったということもある。だが、それらのことをいかに強調しても、四参議が下議院の設置に対して、積極的な動きをしなかったという事実を正当化するものではない（なお、左院における立憲政体導入や、後述する木戸孝允・大久保利通の国家構想については、明治文化研究会の尾佐竹猛《おさたけたけき》・鈴木安蔵らの先駆的研究がある。近年では、奥田晴樹『立憲政体成立史の研究』〈磐田書院、二〇〇四年〉がある）。

建白書に見られる下院設置の提案

下院を設置すべきであるという意見は、この時期、政府からだけではなく、民間からも出されていた。左院の集議院には毎年、膨大な数の建白書が出されていたが、その中には、下院（名称は「下院」「下議院」「国議院」「大集議会」などさまざまである）の設置を提言しているものも見られる。ここでは、そのいくつかを見ておこう（以下は、色川大吉・我部政男監修、牧原憲夫・内田修造編『明治建白書集成』第二巻〈筑摩書房、一九九〇年〉による）。

犬上《いぬかみ》県（現在の滋賀県北部）の福島昇の「立憲為政之略議」（一八七二年五月）は、〝「公明至誠」に政治を行うには「衆議」の「諮詢《しじゅん》」が必要であり、そのためには上下両院を設置する必要がある〟と述べている。上院は現在の三院（正院・左院・右院）をもって当てるが、下院は、各府県一人を「書生僧侶神職或《あるい》ハ庶民」の中から選挙で選んで議員とし、その任期は三年とするというものである。

山口県士族富永景知の「集議院更張《こうちょう》ノ建白」（一八七三年三月十三日）は、以前は審議機関であった集議院が、今は左院の一部として、建白書の受付け機関になってしまっていることを批判し、それを欧米の議会に似たようなものにすることを主張した。その方法として、まず府県出張所内に「集議ノ所」を設けて、そこで租税の方法をはじめあらゆる国是を決めるようにする。そこで力を合わせて国事に当たれば、富国強兵も可能となるというのである。富永は、欧米の議会のような選挙による議院をめざして、現実的な方策として、地方議会の設置を提言したのである。

東京府の河原田盛美《かわらだもりはる》の「建言」（一八七三年四月三日）は、上下両院の設置について次のように述べる。〝イギリスが万国に超越する大国であるのは、内閣のほかに上院（「貴族会議」）と下院（「衆庶会議」）の両院があるからである。しかし、今の日本にはそれらがない。

議院がなければ政治が不公平となり、そのために反乱や紛擾《ふんじょう》が起こり、国勢も萎縮する。早く議院を設けて、内政・外交から産業に至るまでもろもろ議論を尽くして決定すれば、公明正大な政治が実現し、国家の力は強くなるであろう。〟河原田は、国家は国民の代表が法律を決定する議院があってこそ強くなるのであり、議院がなければ政治は不公平となり国家は混乱するとして、早く西欧のような代議機関を作れと訴えたのである。

この建白書を受理した左院の集議院は、その末尾に〝左院でもすでに「国会議院等規則」を詳しく検討しているが、世間では、議院新設を希望するものが少なくない。この建言もその一つである〟と付記している。左院はすでに、民選議院の開設を求める声がかなり出てきていたことを認めていたのである。

建白書は、民間の者に限らず、左院の議官たちも個人の資格で提出している。少議官大給《おぎゅう》恒《ゆずる》は「下院御取立ニ付取調方順序ノ議」（一八七二年五月）で、次のように述べている。〝国家が開化すれば人民は自主自由を求めるようになる。そこから民権が生じるのである。この自主自由を公平に扱うのは議院しかない。民権論が高まってきて議院ができるのは、当然の勢いである。〟

これは、人民の自主自由権の要求→民権の主張→議院の設置という明快な論理であり、あたかも民権派の国会開設論の先触れのような主張である。さらに大給は、「議院ハ銃、民権ハ弾薬ノ如シ」であって、このどちらを欠いても国を守ることができないとも書いている。

また、二等議官西岡逾明《はるあき》と三等議官高崎正風《まさかぜ》も、無題の建白（一八七三年十月）で、ヨーロッパ各国では立法官の権と行法官の権とが別々に並立しているが、日本でも左院の権限を拡大させて、それを立法府とするように主張している。

さらにまた、民選の大小区会や県会などの地方議事機関を作り、その上に下議院の開設を提案する建白書は、小田《おだ》県粟根《あわね》村（現・広島県福山市）の窪田次郎《くぼたじろう》のものをはじめとして、かなり出されている。

このように、一八七四年以前にも、民選議院の開設を求める声は、すでにかなり起こっていたのである。それを踏まえて見れば、「建白書」は特に新しいものではない。

木戸孝允と大久保利通の国家構想

一八七三年七月に出された次の文章は、半年後の「建白書」と符牒《ふちょう》が合っている。最後の一文などは、「建白書」の下敷きになったとすら思える。

我邦現今ノ景況ニ就テ施設措置ノ跡ヲ察スルニ、時勢猶逶迤《なおいい》トシテ人心一方ニ偏執シ、権利ヲ尽サズシテ徒《いたず》ラニ開化ヲ擬シ、負担ニ任ゼズシテ漫《みだり》ニ文明ヲ摸スルノ弊ナキ能《あた》ハズ、是ヲ以テ、其《その》外貌ハ漸々嫺都《ざんざんかんと》ニ習ヒ、往々朴野ノ旧ヲ変ズト雖《いえ》ドモ、其心情ニ至テハ未ダ遽《にわ》カニ文明ニ化スルヲ得ズ、加之《しかのみ》ナラズ、法令軽出、昨是今非、前者未ダ行ハレザルニ後者又続グガ如キハ、決シテ人民ノ能《よ》ク堪《た》ユル所ニ非ズ

これは木戸孝允の意見書の一部である。木戸は、当時の参議の中では、立憲制の導入にもっとも積極的であった。彼は、一八七三年七月、岩倉使節団一行と別れて、一足先に帰国した。そして、留守政府の政策決定が、旧態依然として無軌道に行われているのを見て、この意見書を提出したのである。その内容は、「君民共治」に基づく政規（憲法）を早急に制定することを訴えたものである（『松菊木戸公伝四』第九編第一章所収）。木戸はその後何度も、政府の政策決定のあり方を批判し、憲法の必要性を訴えて、次のようなことを述べている。

①君民同治の憲法というものは、人民の協議によるものでなければならない。②しかし、現在はまだ開化が進んでおらず「人民ノ会議」を設けるのには多少の歳月を要するので、まず天皇の英断により憲法を決めるべきである。③ただ、現在はそのような独裁の憲法であっても、将来に「人民ノ協議」（＝人民の会議）が開かれた時、それは大いに「人民幸福

ノ基《もとい》」となるものである（『木戸孝允文書八』）。

つまり、木戸の憲法作成の段取りは、まず独裁の憲法を作り、ついで将来は「人民ノ協議」による「君民同治」の憲法を作るという二段階論である。

ただし、廟堂内部では、この木戸の意見は見向かれることはなかった。そして、九月になると、もっぱら征韓論議に明け暮れるようになるのである。

しかし、「明治六年の政変」の後の十一月二十日、木戸は政体取調係の伊藤博文・寺島宗則の質問に答えて、改めて八つの提言をする。その中には、〝当面は太政大臣・左右大臣・内閣議官が、立法権と行政権をあわせ持つが、将来は立法機関として元老院・下院の二院を作らねばならない〟というのが入っている。

木戸は、維新以来の政府の政策決定のずさんさや、留守政府の無軌道ぶりには強い批判をもっていたが、この政変の後に独裁色を強めていた大久保利通にも違和感を抱いていた。そして、その時々の政治の頂点に立つ者の意向によって、政策が次々と変わっていく政治のあり方を変えねばならぬこと、つまり人治政治ではなく法治政治を確立することの必要性を説いた。そして、そのためには、国家の基本となる「政規」（＝憲法）を確定することが必要であると強く訴えたのである。

木戸がこのような考えをもつに至ったのは、もちろん彼の立憲制への認識の深さによる。ただ、あくまでも仮定であるが、木戸の言動を見ると、政敵への反感などを含めて多分にパラノイア（一種の精神病）的なところがあり、その点から自己主張を強めた面もあるように思われる。ただ、ここでは、これ以上の言及はしないことにする。

憲法の重要性を認識していたのは、政変後の実権を握った大久保利通も同じであった。大久保は、上に岩倉をかつぎ、下に大隈と伊藤を擁して、「有司専制《ゆうしせんせい》」体制の要《かなめ》の位置にあった。そして、ただちに内務省を設置して、自ら内務卿に就任し、施政の力点を内治に置き、地方行政や官営事業を推進していった。

大久保も、十一月十九日、政体取調係の伊藤・寺島に、長文の「立憲政体に関する意見書」（『大久保利通文書五』）を示していた。そこでは、日本にふさわしい政体は、「民主」や「君主」ではなく、「君民共治」のみであるとしている。その上で、日本の土地・風俗・人情・時勢を踏まえて「定律国法」（＝憲法）を制定することを強調する。それは「上ミ君権ヲ定メ、下モ民権ヲ限」るものであり、それが確立すれば、百官有司が「擅《ほしい》マ、ニ臆断《おくだん》ヲ以テ」政治を行うことができないというのである。具体的な官制としては、正院・左院・右院・式部寮の三院一寮からなる太政官制が掲げられているが、そこには特筆すべきものはない。ただ、三権分立の重要性を強調し、その権限を明確に分け、他の権限を少しも干犯《かんぱん》してはならないとしている。

立法権については、議政院で決議したことを、太政大臣が天皇に奏聞《そうもん》して親裁《しんさい》を乞《こ》うとしている。ただ、議政院の構成は、華族から選ばれた二〇名、天皇の特命による者（定員なし）、行政諸省の卿の三者としており、民選議院ではない。この点では、同じ「君民共治」とは言っても、木戸の構想とはかなりの違いがある。大久保の当面の構想の中には、民選議院は入っていなかったのである。

しかしながら、政変後の政権内部においては、このように木戸・大久保によって、かなり体系的な政体構想が打ち出されていたのである。下野《げや》した参議たちも、当然、これらの動きを知っていた。政変に勝利して政権の中枢に座った非征韓派が、このように将来の日本のビジョンを提示していく中にあって、閣外に去った征韓派が無言でいることは、自らが敗者であることを認めることを意味した。したがって、何らかの意思表示が必要になってきた。しかもそれは、木戸・大久保のものとは違う内容でなければならなかった。

幸いにも、木戸と大久保の国家構想には、アキレス腱があった。木戸は下院の設置は時期尚早であり、将来のこととしていた。大久保は、さらにその念が強く、当面の構想としては、何も触れていなかった。西欧視察から戻った二人が憲法の必要性を強く訴えたのは、維新以降の政権内部でしばしば見られたような対立と混乱を防ぎ、安定した政治体制を作るためである。したがって、そこでは下院の設置は、けっして緊急性のあるものではなかった。また、政権を担当する者とすれば、それを軽々に口にすることはできなかった。

「建白書」の軽薄さ

だが、政治に責任のない者ならば、それを唱えることができる。前参議たちの「建白書」は、この点を衝《つ》いた。しかしながら、あまりにも拙速《せっそく》に出されたものであるために、そこでは民選議院についての最も基本的なこと、つまり、いかなる政体の下で、どのような議院を作るべきなのかということがまったく触れられていなかった。そのことは、彼らの意識の中で、それらがあまり重複されていなかったことを示している。そこに多少とも立憲的な言辞が見られるのは、イギリス留学から戻った古沢滋《ふるさわうろう》と小室信夫《こむろしのぶ》が起草にかかわったからである。しかし、それらを取り去ってみれば、あとに残る大半は、征韓論争で敗れて閣外に去った者の勝者に対する汚くて無責任な言葉の羅列である。

そこには、左院の建議やその他の建白書に示されていた切実さや、木戸と大久保の意見書に見られた国家構想としての体系性、さらには一〇年前の池田長発らの上申書に流れていた将来を見通す輝きは、何も見られないのである。

すでに野に下ってしまった前参議たちには、もう一つの大きな問題があった。彼らには、奏議はもちろんのこと、建議や意見書すら出す権限を失ってしまっていたのである。彼らにとって残された唯一の意見表明の手段は、建白書だけしかなかった。しかし建白書は、毎年、何百という数のものが出されている。左院の中で埋もれてしまう可能性は多分にあった。

「蜘蛛《くも》の糸」のような「建白書」の運命を、一人のイギリス人が引き上げた。

自由民権運動の展開

自由民権家の誕生

「建白書」の全文は、左院に提出された翌日の一八七四年一月十八日、早くも『日新真事誌《にっしんしんじし》』(以下、『真事誌』と略記)に全文が掲載された。

J・R・ブラックと『日新真事誌』

『真事誌』は、一八七二年三月十七日創刊された日刊紙(最初の一ヵ月間は隔日刊)である。社主のジョン・ブラックJohn Reddie Black(一八二七〜八〇)は、スコットランド生まれのイギリス人あるが、故国で過ごした若き日のことを詳《つまび》らかする資料は、残念ながらほとんどない。ただ、幕末の日本に来て、一八六七年(慶応三)九月に、英字日刊紙『ジャパン・ガゼット』を出した。七〇年五月には、月二回刊行の英文雑誌『ファー・イースト』も出している。

ブラックは、その頃出されていた日本語の日刊紙には、猥雑な小事件が多く載っているものの、論説のないことをはじめとして、多くの不満をもっていた。そのために『真事誌』は、論説欄で積極的に時局を論じたり、投書欄に読者の主張を載せたりして、新聞のあるべき姿を示そうとした。それは、ジャーナリストの本場で育った人間の矜持《きょうじ》であった。

同年十一月一日に「左院《さいん》御用」のお墨付きを得て、左院の議事、各省の布告、建白書などを掲載する特権を与えられた。それ以降、同紙の部数は急に伸びた。

ブラックは、この特権を活かして、左院に寄せられた建白書を載せることが時々あった。板垣退助たちの「建白書」を載せたのも、その一つである。ブラックは、前年のいわゆる「明治六年の政変」が、廟堂内部の出来事として終わり、詳しい事実関係が外部に知らされなかったことに不満をもっていたので、「建白書」が出されると、すぐに『真事誌』に載せたのである。

「建白書」は、こうした経緯によって、人びとに知られるようになったのである。歴史に仮定は無意味だが、〝ブラックのようなジャーナリスト魂をもったイギリス人が日本に来ていなかったならば、「建白書」はどうなっていたのだろう〟とか、〝『真事誌』が左院御用紙でなかったならば、ブラックが眼にする機会はなかったのではないか〃……というようなイフが、次々と浮かぶ。「建白書」は、それほどに危うい状況の中にあったのである。だが、ともかくもブラックがそれをすくいあげたのである。

「建白書」

「建白書」の大略は、次のようなものである。〃現在の政府は「有司《ゆうし》」の専《せん》制《せい》であるために、政策が「政令百端」「朝出暮改」であり、「政刑情実」「賞罰愛憎」になっている。すなわち、政治のすすめ方について定まった方針がなく、情実や愛憎によって決められている。しかし、「言路壅蔽《ようへい》」しているので、人民はその困苦を訴えることができない。このままでは国家が「土崩《どほう》」してしまう。それを防ぐには、まず「天下ノ公論」を伸ばし、人民の権利を確立するとともに、「天下ノ元気」を鼓舞して「上下親近」「君臣相愛」をはからねばならない。そのためには、民選議院を設立することが必要である。それによって「我カ帝国ヲ維持振起」して、「幸福安全ヲ保護」することができるのである。〃

一見すると、明快な論理のように思われる。しかし、「建白書」は、次の二つの点において、けっして評価できるものではない。

第一は、四人の前参議の政治家としての無責任さである。「建白書」は、旧来の政治のあり方を、「政令百端」「朝出暮改」などの激しい言葉で非難している。しかし、四人の参議は三ヵ月前までは、政権の中枢にいた者たちである。いっぽう、前年秋の政変で実権を握った非征韓派の多くは、それまで長い間、遣米欧使節団として外国で過ごしていた。したがって、これらの言葉は、海外組に対してではなく、その間に三大改革（地租改正《ちそかいせい》・学制・徴兵令）をはじめとして、多くの新政策を実施してきた自分たちにこそ向けられるべきものであった。にもかかわらず、「建白書」はそれに頬《ほお》かぶりして、現在の政府を非難しているのである。

そのような彼らの態度について、『明六雑誌《めいろくざつし》』第三号（一八七四年四月）で森有礼《もりありのり》は、「建白書」の言う土崩瓦解の兆《きざ》しをもたらしたのは前参議たち自身ではないかと批判しているし、西周《にしあまね》も同様なことを述べた後で、結論として「建白書」は「偽論」であり、前参議たちは「偽論家」であるとまで書いている。

明六社の知識人たちは、四人が政治家としての道義性を欠いていることを突いたのである。しかし、それ以上に問題なのは、先に見たように、左院で下議院設置の議論が起こった頃、それにはけっして熱心でなかった四人の前参議が、民選議院設立を言い出したことである。それはいかにも唐突であり、本心からの主張ではなく、征韓論争で勝って実権を握った非征韓派に対するためにする批判であるとしか判断できないのである。

第二は、「建白書」には、民選議院の開設を訴えておきながらも、最も肝心な民選議院が立法権の中で占める位置について、まったく書かれていないことである。たとえば、議院の権限と天皇の権限との関係のあり方や、上院の有無などについては一言も書かれていない。立憲体制の根幹にかかわるこれらの問題について、いっさい述べていないのは、民選議院の開設を求める建白書としては、致命的とも言える欠陥である。

さらに、議院を構成する議員の選挙権・被選挙権のことや、選挙方法などについても、まったく触れていない。そもそも、「建白書」には、人民の固有の権利としての参政権という観点は当初からなく、わずかに租税協議権（納税者がその使い方を協議する権利）をにおわす文言が出ているものの、その展開はきわめて不十分である。

これらは、彼らの立憲政体《りっけんせいたい》への認識の浅さの表われである。それは同時に、彼らが在任中に起こっていた下議院設置の動きに積極的でなかったことを示すものである。「建白書」は、それらの重要なことを述べる代わりに、その大半を、民選議院開設を時期尚早とする意見への批判に費やしている。その点を強調することにより、大久保利通《おおくぼとしみち》や木戸孝允《きどたかよし》などが、人民の開化が不十分なことを理由に、民選議院の早期開設に反対していることへの優位性を確保しようとしたのである。

要するに「建白書」は、当時の民選議院論のレベルから見れば、相当に低いものであり、特段、画期的なものではない。だが、歴史は時として、凡庸なものに大きな時代的任務を負わせることがある。「建白書」もまた、その一つであった。

民選議院論争

「建白書」には予想を越えた反響があった。しかし、そこでの演出者は、またしてもブラックであった。彼は「建白書」への賛否両論を積極的に『真事誌』に載せたのである。ブラックはそれまでも、日本社会の後進性を批判する記事をいろいろ書いていた。中でも、日本の国民が政治に参加する機会のないことに、強い不満をもっていた。したがって、「建白書」に対して多くの意見が寄せられたのを奇貨《きか》として、それを投書・建言・対問・疑問の欄を使って、積極的に載せたのである。ただし、紳士の国に育ったブラックは、両論を公平に扱った。

民選議院の是非をめぐる論争は、その後、『東京日日《にちにち》新聞』(一八七二年二月創刊、以下『東日』)、『郵便報知新聞』(七二年六月創刊、以下『報知』)、『新聞雑誌』(七一年五月創刊。のち『東京曙新聞』)や、『明六雑誌』(七三年三月創刊)などへも飛び火していった。新聞・雑誌に載った議論は、民選議院論争と呼ばれるが、その数は約半年間に九〇を越えている。この論争がいかに大きな反響を呼んだかということは、それらを集めた桜井忠徳編集『民選議院集説』上・下（一八七四年七月）や山田俊蔵編集『民選議院論綱』（七五年四月）が刊行されたことにも現れている。

「建白書」を批判する者の多くは、民選議院の設置を時期尚早とするものだが、その代表は、『真事誌』や『東日』に意欲的な意見を載せた加藤弘之《かとうひろゆき》である。彼の主張は、〝国家の安定の基礎は憲法なので、憲法を創定するために議院の設立が必要であることは言うまでもない。しかし、日本ではまだ人民が開明の域に達していないので、いきなり議院を設置するのは無理であり、それよりも教育によって日本を開化させることの方が先決である〟というものであった。

これに対して「建白書」署名者とその支持者たちの主な反論は、①民選議院を開設することによって、人民の開化は進む、②たとえ人民一般が未開であっても、民選議院は「維新ノ功臣」の代表あるいは「学識卓越ナル数十名ノ俊傑《しゅんけつ》」が構成するのであるから問題はない、というようなものであった。

しかし、①は開化が先か議院が先かというもので、鶏か卵かというような議論であり、なかなか結論は出ない。板垣・後藤・副島連名の「加藤弘之ニ答フル書」（『真事誌』二月二十日）は、J・S・ミルを引きながら、専制政府の下では隷属的な人間しか生まれないのであり、人間の進歩のためには、それにふさわしい政府が必要であるとして、議院の開設の必要性を述べているが、説得的ではない。それどころか、自ら思想性の欠如を西欧の大家の思想によって埋めようとする態度が見え見えで、かえって確信の弱さが露呈されている。

②の「維新ノ功臣」というのも右の三人の意見なのだが、民選議院を作っても、世の中の秩序を大きく覆《くつがえ》すものではないので心配はないという弁明である。これは、彼らの民選議院の思想的なレベルが、まさに語るに落ちたものである。「建白書」署名人である古沢《ふるさわ》滋《うろう》・小室《こむろ》信夫《しのぶ》・岡本健三郎の三人による「民選議院弁」（掲載紙不明、前出『民選議院集説』に所収）は、それよりは多少ましなもので、〝現在の悪政の原因は、政府の高官が薩長土三藩の出身者で占められているからであり、それを救うには全国から選ばれた俊傑たちによる民選議院を設立するほかはない〟という主張である。

だが、正論のように見えるこの議論も、実は後ろ向きの面をもっていた。木戸や大久保は、明治維新以来、留守政府までの政権のあり方を反面教師として、政治担当者の恣意的《しいてき》な政策決定から起こる混乱を防ぐために、「政治の要は制度にあり」とする法治《ほうち》主義に立って、まずは国政の根本となる憲法を制定しようとしたのである。その上で、憲法がまだできていない時期に、民選議院を設けることは不要な混乱を招くことであり、時期尚早であるとしていた。それに対して古沢らは、薩長の有志専制に代わって、全国の峻傑を集めた民選議院を作れば、国難を解決することができると主張した。だが、それは、「政治は人なり」という旧《ふる》い人治《じんち》主義に支えられたものであった。

このような議論では、西欧の立憲政体について詳しい明六社同人たちを論駁《ろんばく》できなかったのも当然である。また、彼らの影響の下にあったこの時期の植木枝盛が、それを批判したのもうなずける。

このような早期開設派の理論的貧困を救ったのは、馬城台二郎《ばじょうだいじろう》（大井憲太郎《おおいけんたろう》）である。大井の文章は、『東日』と『報知』を合わせて五回確認できるが、その中で『東日』二月二十七日の投書欄での加藤弘之批判が最も質が高い。そこでは、立法権と行政権を分立することの必要性を説き、行政権の「横恣《おうし》」（＝横暴）を抑えるには立法権を確立しなければならず、逆に立法権の「擅制《せんせい》」（＝専制）を抑えるには行政権を確保しなければならないとしている。その上で、有司専制をあくまでも立法権と行政権の未分化に起因する弊害として捉え、三権分立の確立のためにも民選議院の設立が必要であると主張したのである。

このような観点は、早期開設論者の中にはほとんど見られない。この点では、大井はむしろ「建白書」よりも木戸・大久保に近い。だが、この二人の三権分立論は、政権担当者の恣意性を防ぐことを最大の目的としたものであり、あくまでも権力を安泰に維持していくためのものだった。だが、大井の場合は、逆に被治者の立場からの主張である。大井は言う。〝人民は自主の権利をもっており、政府はそれを保護すべきである〟（原文は、「人々自主ノ権利アリ、政府タリト雖《いえど》モ猥《みだり》ニ之ヲ屈撓《くつとう》セラルル理《ことわり》ナク、政府ハ人民自主ノ権利ヲ保護ス可《べ》キ義務アリ。又然《しか》ルヲ以テ国家ニ対スル権利アル者ナル事ヲ人民ニ知ラシムルト云フニ在リ」）。

大井は、この「人民自主ノ権利」に拠って公権＝人民の参政権を主張し、民選議院の設置は当然であるとした。このような公権を根拠とすれば、人民が開明の域に達しているか否かを民選議院の開設の条件とする必要はない。大井は、私権（私的自由）と公権（政治的自由）の区別を知っていたようだが、相手の土俵に入らないようにするため、そこには触れていない。あくまでも、「人民自主ノ権利」を砦《とりで》として、民選議院の開設の正当性を主張したのである。ただし大井は、次の一文を付け加えることを忘れなかった。「余ハ副島氏其ノ外七氏へ左袒《さたん》スルニ非《あ》ラズ。只《た》ダ民選議院設立ノ六字ニ左袒スルナリ」。左袒とは、左肩の衣を脱ぐこと、つまり対立する陣営の一方に加わることである。

大井は、やがて対外強硬論者となり、一九二二年、その最期は頭山満《とうやまみつる》が葬儀委員長を務めることになる。評価すべきところの少ない後半生に比べて、この論争の頃は、大井の最もブリリアントな時期であったと言えるかもしれない。

民選議院論争は、必ずしも勝敗の分からないまま約半年で終わった。しかし、日本でも民選議院を作るべきであるという意見を広める上では、大きな役割を果たした。その意味では、早期開設論の勝利であった。

この論争で彼らの展開した「有司専制 対 民選議院」という単純な対立の図式は、立憲制論から見れば相当に乱暴な議論であったが、当時の人びとにとっては、たいへん分かりやすいものであった。なぜならば、それまで政府の進めてきた種々の改革が、国民に少なからざる犠牲を強いていたので、その原因が有司専制政府にあると断罪するのは、説得性をもっていたからである。

また、このような正邪を明確にした簡明な二元論は、大井のように論理的にその正当性を展開したものよりも、はるかに受け入れやすいものであった。政治的プロパガンダにとって大切なことは、複雑な論理によって正当性を主張することではなく、分かりやすい二元論で善悪をはっきりさせることである。民選議院論争は、こうした「真理」を日本で最初に示した出来事でもあった。

民選議院論争は、民選議院への人びとの関心を一挙に広めた。民権運動は、「建白書」からではなく、この論争から始まると言った方が正確である。

新聞紙条例と讒謗律

政府を批判する文章が堂々と新聞に載るようになったのは、日本の言論史上、大きな意義である。新聞が、ブラックがめざしていたようなあるべき方向に歩みを始めたのである。それは画期的なことであった。

日刊新聞が発刊された当初、政府は新聞に文明開化の掲示板の役割を期待して、支援することもあった。新聞と政府との短い蜜月期である。地方紙の刊行は、開明派の県令《けんれい》が率先して始めたものが少なくない。

しかし、民選議院論争が始まってから、新聞紙上には政府批判が眼につくようになった。翌七五年になると、新聞は民選議院の設立を当然の如くに見なして、資産のない士族にも選挙権を与えるべきか否かの論争を始めている。それは新聞が言論機関として成長したことを示すものであったが、政府にとっては、厄介なものと映った。専制政治とパブリック・オピニオンとは相容れないのである。

大久保政権が最も許せないのは、ブラックであった。彼は、「左院御用」を逆手に使って、民選議院論争を煽《あお》り、それまで政府を批判することを知らなかった新聞に、その免疫性を与えたのである。そのため政府は、ブラックの追い落としをはかり、七五年一月、左院顧問として高額な給料で雇って『真事誌』から手を引かせ、その後は巧妙な手口で解雇する。その経緯は、拙著『自由民権の文化史』（筑摩書房、二〇〇〇年）第五章に述べておいたのでご覧いただきたい。

もちろん、新聞全体に対しても、新聞紙条例と讒謗律《ざんぼうりつ》（ともに一八七五年六月二十八日公布。以後「二法」と略記）を出して厳しく規制することにした。「二法」は、近代日本における最初の言論弾圧法令であり、やがて治安警察法（一九〇〇年）を経て、治安維持法（一九二五年）へとつながっていく。

新聞紙条例は全十六条と付則からなるが、その主な刑罰は次のようなものである。政府を破壊したり、国家を顚覆《てんぷく》するような論を載せて、騒乱を先導しようとする者は、禁獄一年〜三年とする（第十三条）。法律を誹毀《ひき》して国民の遵法義務《じゅんぽうぎむ》を乱したり、刑律に触れた犯罪をかばったりする論を載せる者は、禁獄一月〜一年、罰金五円〜一〇〇円とする（第十四条）。教唆者《きょうさしゃ》（犯罪をそそのかした者）は実行者と同罪とし、禁獄は五日〜三年、罰金は一〇円〜五〇〇円とする（第十二条）。

また、この法律は、単に刑罰が相当重いだけでなく、条文も抽象的であり拡大解釈が可能であった。

次に讒謗律であるが、「讒謗」とは「讒毀《ざんき》」と「誹謗《ひぼう》」とを合わせた言葉である。具体的な刑罰は、讒謗の対象を天皇、皇族、官吏、華士族および平民に分けて規定している。ここで重要なことは、官吏の職務に関して讒毀した場合には、禁獄一〇日～二年、罰金一〇円～五〇〇円、誹謗した場合には禁獄五日～一年、罰金五円～三〇〇円としており（第四条）、天皇、皇族はともかく、華士族や平民に対するよりも、刑罰が重くなっていることである。それは、この法律が社会一般の公秩良俗を保つためのものではなく、官吏への讒毀・誹謗、つまり政府批判を封じるためのものであったことを示している。

「文字の獄」

「二法」が出されたことは、新聞人たちにとっては、大きな驚きであった。彼らは、新聞を通じての自分たちの言論活動が、日本の近代化の一翼を担い、文明化に寄与していると自負していた。つまり、政府を批判するのも、日本を西欧の近代国家に一歩でも近づけるためであると考えた。したがって、政府が法律を作って自分たちの活動を押さえ込むことなどは、思ってもいなかったのである。

しかし、「二法」が出たからと言って新聞が沈黙したわけではない。むしろ、「二法」のような法律を出した政府を批判した。だが、八月七日、『東京曙新聞』編集長の末広重恭《すえひろしげやす》が罰金二〇円、禁獄二ヵ月に処せられた。「二法」の筆禍《ひっか》者第一号である。同紙七月二十日・二十九日に、〝新聞紙条例が出されても新聞人は悪法にひるむべきではない〞という投書を載せたことが問われたのである。

それ以後、捕らわれる者が相次いだ。論説・投書などの執筆者のみでなく、局長や編集長も教唆者として筆禍にあった。『東日』編集長代理甫喜山景雄《ほきやまかげお》、『朝野』局長成島柳北《なるしまりゅうほく》、『報知』編集長栗本鋤雲《くりもとじょうん》、同紙編集長代理岡敬孝《おかけいこう》などである。一八七五年末までに、新聞関係者では一四件・一三人に有罪判決が出た。

「二法」による筆禍は、「文字の獄」と呼ばれた。一八七六年になると、その「文字の獄」は、嵐となって荒れ出した。筆禍はメジャー紙のみならず中小紙にも及んだ。たとえば『采風《さいふう》新聞』は一月二十日から四月十二日の間に八件が有罪となった。特に編集長の加藤九郎は、第二二号（十二月二十四日）の社説で「米国十三州ノ英政府ニ背《そむ》ヒテ独立スルノ如ク、激動力ヲ起シ追々《おいおい》共和政府ヲ開立シ度《たし》」と書いたことが新聞紙条例第十三条に当たるとして、禁獄三年を科せられた。三年というのは、新聞紙条例では最長の禁獄刑である。『采風新聞』は、その後も次々と幹部が捕らえられて、発行が続けられなくなる。

前述の植木枝盛《うえきえもり》が筆禍を受けたのもこの頃である。植木が入獄した鍛冶橋《かじばし》監獄には、この時すでに三〇人近い新聞人が入っていたという。

一八七六年の「二法」による筆禍は、九〇件以上も確認できる（拙著『自由民権の文化史』表5、二〇四〜五ページ）。七五年後半から始まった厳しい新聞への規制は、政府批判を抑え込んだ。このようにして、芽生えたばかりのパブリック・オピニオンの形成の場は、むしりとられてしまったような様相を呈するに至った。

「筆舌交代」筆鋒から舌鋒へ

しかし、その頃の言論の動きを全体として見ると、演説が急速に普及しつつあった。演説という語を、今日のような意味で最初に使ったのは、福沢諭吉《ふくざわゆきち》である。福沢は一八七五年五月一日、慶応義塾内に三田《みた》演説館を建て、翌六月から第一・第三土曜日に三田演説会を開催した。また、福沢も一員である明六社も、すでに同年二月十六日から公開演説会を開いていた。その後、東京の各地では、公開演説会が盛んに開かれるようになった。中村正直《なかむらまさなお》の同人社、嚶鳴《おうめい》社の前身の法律講習会、小野梓《おのあずさ》らの共存同衆《きょうぞんどうしゅう》などが代表的なものである。

ただ、この期の演説会は、西欧の新しい知識をもっている者が、不特定多数の聴衆に、自らの意見を入れながら、それを伝えるものであった。弁士がジェスチャーを交えて語りかけるというこの新しいパフォーマンスが、文明開化の時代的風潮の中で、人びとの興味を惹きつけたのである。

しかし、一八七七年頃から、演説会は性格を変えていった。その間の事情を、『報知』同年十月五日の社説は、次のように述べている。

〝新聞紙条例が出されて以来、新聞に文章を自由に書くことができなくなった。しかし演説会が盛んになってきたので、筆で言い尽くせないことも、舌を使って述べる機会が生まれてきた。まさに「筆舌交代」の時期である。これからは演説を隆盛にして、筆鋒《ひっぽう》での退却を、舌鋒《ぜっぽう》での発進としよう。〟

この文章は、演説会の内容が変化したことを簡明に表現している。筆の毛先を折られた新聞人たちは、演説会の弁士として登壇して、自らの主張を述べるようになったのである。新聞人が演説会に参加していくのは、東京よりも地方の方が顕著であった。というより、地方の演説会のほとんどは、新聞人によって開始されたと言ってもよい。しかも、大阪の中島勝義、名古屋の宮本千万樹《みやもとちまき》、高知の植木枝盛など、地方で演説を始めたのは皆、東京で新聞の筆禍による入獄を経験した者たちであった。まさに「筆舌交代」を地でいったのである。

東京での演説会は、その予告が主要紙の広告欄に掲載されるようになる。当時の三大紙である『報知』『朝野《ちょうや》』『東日』に載った件数は、一八七八年九月までは一ヵ月に二、三件であったが、十月には七件となった。以後、次第に増えていき、翌七九年六月には二四件に達し、翌七月は二六件となる。しかし、新聞の広告欄に載ったものは、実際に開かれていた演説会の一部に過ぎない。三田演説会でも、新聞に予告を出すのは、七八年十二月になってからである。

『報知』一八七九年五月二十八日の「演説之盛衰」という社説は、東京での演説の隆盛の様子について、次のようなことを書いている。

①演説会は最近、地方にまで広まっているが、東京がやはり最も盛んである。

②特に嚶鳴社《おうめいしゃ》・慶応義塾社中・共存同衆などは、毎月数回の演説会を開いており、聴衆は多い時では一〇〇〇人、少ない時でも約三〇〇人である。

③それ以外にも演説会を開いている団体が一〇〇以上ある。

②に挙がっている嚶鳴社は、代表的な民権結社である。前身は沼間守一《ぬまもりかず》などの若手官吏が、一八七四年秋から下谷上野町の摩利支天《まりしてん》別当所で開いていた法律講義会である。七六年四月からは、毎月二回、討論の様子を公開していたが、七七年秋頃に嚶鳴社と改名する。

しかし、一八七九年五月九日、太政官《だじようかん》は官吏演説禁止の通達を出し、官吏が演説会を開くことを禁止したので、従来のような活動はできなくなった。そこで、沼間が元老院権大書記官を辞任し、演説会を取り仕切ることになる。沼間は同年十二月、『横浜毎日』（のち『東京横浜毎日』）を買収して社長となり、同紙を、『朝野』『報知』と並ぶ代表的な民権派新聞に成長させた。官吏演説禁止令が、結果的には沼間を一流の民権家に押し上げていったと言える。

その禁止令が出されて以後、嚶鳴社には一般の官吏以外の社員が増えた。また、関東およびその周辺に合わせて二七の分社を置くまでになり、それらは各地での演説会開催の拠点としての役割をはたしていく。

共存同衆もまた、代表的な民権結社の一つである。七四年九月に、小野梓《おのあずさ》ら七人の若手官僚を中心に結成された学術団体であり、政府と人民との共存をめざすことを目的としていた。初期の活動は毎月十・二十五日に開く常会であり、そこでは毎回のテーマに基づいて研究・討論会が行われた。その活動が大きく転換するのは、七八年五月に馬場辰猪《ばばたつい》がイギリスから帰国し、本格的に加わってからである。演説会は毎月第二・第四の水曜日に定例化され、新聞の予告によれば毎回、弁士は三人～五人であるが、馬場の名は全回、出ている。

共存同衆も官吏演説開催禁止令により打撃を受けた。だが、馬場と『横浜毎日』の肥塚《こえづか》龍《りよう》、『東京経済雑誌』の田口卯吉《たぐちうきち》などが弁士の常連となって、危機をしのいだ。その顔ぶれの変化は、演説会の性格を以前とは違ったものとした。

なお、共存同衆は一八七九年三月頃に、また嚶鳴社は同年末に、ともに私擬憲法を作っている。二つの草案は、わりと早い時期に作られたものであるが、たいへん体系的なものであり、その後の民権派の憲法草案に影響を与えることになる。両者は内容・語句が共通しているので、かつて同一のものと見られたこともあったが、現在では別のものとされている。

演説結社の発展

一八七九年の三大紙に、演説会の開催広告を最も多く載せているのは、薫誘舎《くんゆうしや》という演説結社である。薫誘舎は、二月十六日～七月六日に、少なくとも二二回の演説会を開催している。特に五月には五回、六月には八回開いている。それらのうち一六回は弁士の名が載っているが、実に一一回に堀龍太《ほりりようた》が登壇しており、彼が主催者であったと思われる。

堀は海軍の所属であったが、著名な演説家でもあった。『団団珍聞《まるまるちんぶん》』七九年五月三十一日掲載の「当世流行　筆舌の相撲」によれば、最高位の大関は『東日』の福地源一郎と慶応の福沢諭吉、関脇は『朝野』の成島柳北と江木《えぎ》学校の江木高遠であるが、その次の小結には、薫誘舎の堀龍太と『報知』の藤田茂吉《ふじたもきち》とが並んでいる。ただ、薫誘舎は、『朝野』七月十二日の「報告」で、「酷暑中講談休会候事　薫誘舎」と告知しており、そこでひとまず幕を引いたようである。官吏演説開催禁止令のために、堀が演説できなくなったのであろう。

その後の演説結社の動きとしては、一八七九年十月には、荒川高俊《あらかわたかとし》・山川善太郎・土居《どい》光華《こうか》らが北辰社《ほくしんしゃ》という演説結社を結成したことが目に付く。彼らは、すでに同年八月、湯島四丁目三番地の見龍義塾で演説会を開いていたが、それ以降、毎月、数回の演説会を開くことになる。そして、翌八〇年四月五日には、『北辰雑誌』第一号を発刊する。荒川はその「緒言」で、北辰社は「堂々たる民権拡張」を目的して結成したものであり、商工業者が私益をはかるために作った結社とは違うと述べている。また山川も「北辰社創立の主意」の中で、それは政府を監視するために作った民間の政治結社であると明言している。北辰とは北極星のことである。

荒川・山川・土居の三人は、ある程度、名の知られた演説家であり、栗田信太郎『明治演説評判記』（一八八二年）に載っている演説家五〇人の中には、三人とも入っている。

北辰社の社則第一条は「本社の主意は、演説を将《もっ》て人民を奨励し、其《その》知見を開達し其の精神を撕撥《せいはつ》し、以て民権を拡張し、国勢を振起するにあり」としている。つまり、演説によって民権を拡大していくということを明確に掲げているのである。社則によれば、その活動は以下のようなものである。

一、国家に大事あるときは、社員の決議に依り其利害を政府に建言すること
一、毎月一回若《も》しくは二回演説会を開き、弘《ひろ》く公衆に傍聴せしむること
一、毎月二回社員会議を起し要務を談論し、並《ならび》に討論会を開き互に知見を交換し、且《か》つ演説の方術を講習すること
一、地方有志の請待《せいたい》に応じ社員を派出して演説せしむること

北辰社は、毎月、浅草の井生村楼《いぶむらろう》で演説会を開いた。弁士としては、三人のほかに、河上仁太郎・和田稲積《わだいづみ》・小勝俊吉《おかつしゅんきち》・瀬谷正二らが名を連ねている。

また、北辰社は国会期成同盟の国会開設運動にも加わっている。八〇年四月提出の国会開設請願書（「国会ヲ開設スルノ允可《いんか》ヲ上願スル書」）には、「東京府下谷練塀《ねりべい》町四十七番地北辰社八十五名総代山川善太郎」として書かれている。

その頃の東京では、北辰社のような演説結社がかなり作られていた。先の『報知』一八七九年五月二十八日の社説の③で、東京で演説会を開いている団体は一〇〇以上もあるとしているのは、必ずしもオーバーな表現ではないであろう。

民権家の誕生

北辰社の中心人物である荒川高俊について、少し見ておこう（蓮見長『故郷の先人』〈非売品、一九一八年〉の「五　荒川高俊先生」による）。

荒川は、一八五六年（安政三）、下野国《しもつけ》（栃木県）の黒羽《くろばね》藩士の子に生まれた。一八七二年上京して浅草請願寺《せいがんじ》の英学塾に入ったが、七四年頃に慶応義塾に移る。しかし、七八年に慶応義塾をやめて、浅草に東京学館という英学塾を開いた。一時、嚶鳴社に入るが、討論会が中心なのに不満をもち出席しなかったらしい。

一八八〇年二月二十一日、浅草井生村楼での演説会「国家ノ盛衰ハ人民ノ気象如何《いかん》ニアリ」で、藤田組贋札《がんさつ》事件（井上馨のかかわる疑惑事件）を取り上げたことが、「人心ヲ鼓動《こどう》シ国家ノ安寧ヲ妨害スル」として、東京府下での演説停止の処分を受けた。東京府での舌禍者第一号であり、以後五ヵ月間、府内での演説ができなくなった。だが、当時はまだ、演説に対する罰金・禁獄刑はなかったし、さらに他の府県での演説も可能であったので、荒川はその後、栃木と静岡両県の民権運動に積極的にかかわっている。

しかし、一八八一年十月十六日の静岡・小川座での演説で、罰金二〇〇円・禁獄三年という重い刑を受けた。出獄後は、星亨《ほしとおる》の『めざまし新聞』に入る。そして、八七年十一月、伊藤博文《いとうひろぶみ》らによって極秘に進められていた憲法編さん作業の一部を暴《あば》いた文書を『西哲夢物語《せいてつゆめものがたり》』として刊行したことから、またしても禁獄二年の刑を受けて、再び入獄する。八九年二月の憲法発布の大赦《たいしゃ》で出獄するが、同年九月五日、栃木県壬生《みぶ》町の興光寺《こうこうじ》で開かれた条約改正反対の演説会で、登壇の直前に脳溢血《のういっけつ》で倒れて、そのまま不帰の客となった。弁舌に優れた彼の死を最も惜しんだのは、星亨であったという。

荒川は、約三三年の短い生涯の後半生のほとんどを活動に費やした。慶応中退の後、英学塾である東京学館を開いたが、時代がちょうど政談演説会が隆盛に向かう時期であったことから、弁舌の才をもっていた荒川は、その潮流に棹《さお》をさし、「民権」を前面に掲げた演説結社を作り、その雑誌も出した。もっとも、そのために、二度の舌禍と一度の筆禍に遭い、二度の長期入獄を経験する。

荒川の一生は、演説と入獄の繰り返しであり、最後も演説会場で倒れた。演説に生きたその生涯は、まさに民権家そのものである。なお、荒川の著作としては、『国権奮起論』（一八八〇年、漆間真学《うるしましんがく》との共著）がある。

さて、演説会の様子やその筆記は、わりと早い時期から新聞に載っていたが、演説会の普及・拡大につれて、演説についての本が出されるようになった。その本は、大きく二種類に分けられる。一つは演説の仕方（発声・身振り・姿態など）についての西欧の演説作法書からの翻訳ないしは翻案である。その最初のものは尾崎行雄《おざきゆきお》訳述の『公会演説法』（一八七七年十一月）である。これは好評を博し、七九年には増訂版が出される。もう一つは名家の演説を集めたもので、はじめはほとんど欧米の大家のものの翻訳であったが、やがて日本の演説家のものも出されるようになる。

演説関係の本は、一八八一年までに三〇冊ほどが確認される。そして、翌八二年には一年だけでその数に近い。短期間のうちにそれだけ多くの本が出されたということは、演説についての世の中の関心が強くなったことの現れである。表1は、一八七七年〜八二年までに出された演説関係の本である。

これらの本を出したのは、もちろん自分でも演説と関係の深い者たちであった。その代表として、『泰西名家演説集』（一八七九年）の翻訳者の栗原亮一《くりはらりょういち》（一八五五〜一九一一年）を見ておこう（主として、竹井駒郎『栗原亮一君小伝』一八九〇年、による）。栗原は三重県出身（旧鳥羽《とば》藩士）であるが、若くして中村正直の同人社に学んだ。『東京曙新聞』に

表1　演説関係文献（1877～82年）

1877年	尾崎行雄訳述『公会演説法』
1879年	愛国居士（古屋宗作）『民権振起演説一班』，尾崎行雄訳述『増訂公会演説法』，栗原亮一訳『泰西名家演説集』，久松義典纂訳『泰西雄弁大家集』
1880年	岡文二編『明治演説大家集』三冊，総生寛『滑稽政談』，片岡綱紀編『内外大家論説集』，高良二訳述『泰西論弁学要訣』，高橋達郎纂訳『泰西諸大家論説』，ブレヰル著・高良二訳『泰西弁論学要説』，三宅虎太編『日本民権家言行録』，毛利真人『大和郡山演説紛議』，岩井貫一郎・杉浦謙編『沼間守一高談集』
1881年	西村玄道訳『西洋討論軌範』，西村玄道訳『西洋討論軌範続編』，長野我観訳述『西洋演説軌範』，栗田信太郎編『政治学術日本討論軌範』，阪田哲太郎編『日本演説大家集』，西村玄道纂訳『欧米各国政党巨魁政談演説集』，西村玄道纂『政治学術討題集』，阪田哲太郎編『日本演説大家集』，真野観我訳述『西洋演説軌範』，村松操編『演説金針』，『板垣公戎座大演説会傍聴筆記』，三宅虎太編纂『民権自由日本演説規範』，
1882年	平沢寛柔編輯『立憲改進党名士政談演説筆記』，三宮寅衛編輯『日本雄弁美辞軌範』，秋葉節三郎訳述『集会演説法』，『板垣退助君演説集』，井田実之編『民権自由西洋演説軌範』，小笠原美治編『結社演説政談方針』，栗田信太郎編『自由改進新進保守明治演説評判記』，栗田信太郎編『民権各党大家論説集』，長谷川菫纂編『国権奮起政論軌範』，木滝清類編纂『日本演説討論方法』，谷荘太郎編『演説家百詠選』，ベル著・富岡政矩著訳『弁士必読演説学』，久松義典訳『雄弁大家論』，平井市造編『自由主義各党政談演説神髄』，作本練造纂輯『沼間守一高談集続編』，黒岩大訳述『雄弁美辞法』，松岡好一編『今世西洋改進党明治大家演説集』，吉田正太郎『官権民権両党演説筆記　附評論第一号』，栗田信太郎編『改訂増補　政治学術日本討論軌範』，『名家演説集誌　附討論筆記』，木滝清類編纂『日本演説方法』，生島肇編纂『政談討論百題』，『名家演説集誌　附討論第四』，『改進党員政談演説筆記』第2号，『立憲改進党諸名士政談演説筆記』，『現今民権家品行録』第一編・第二編

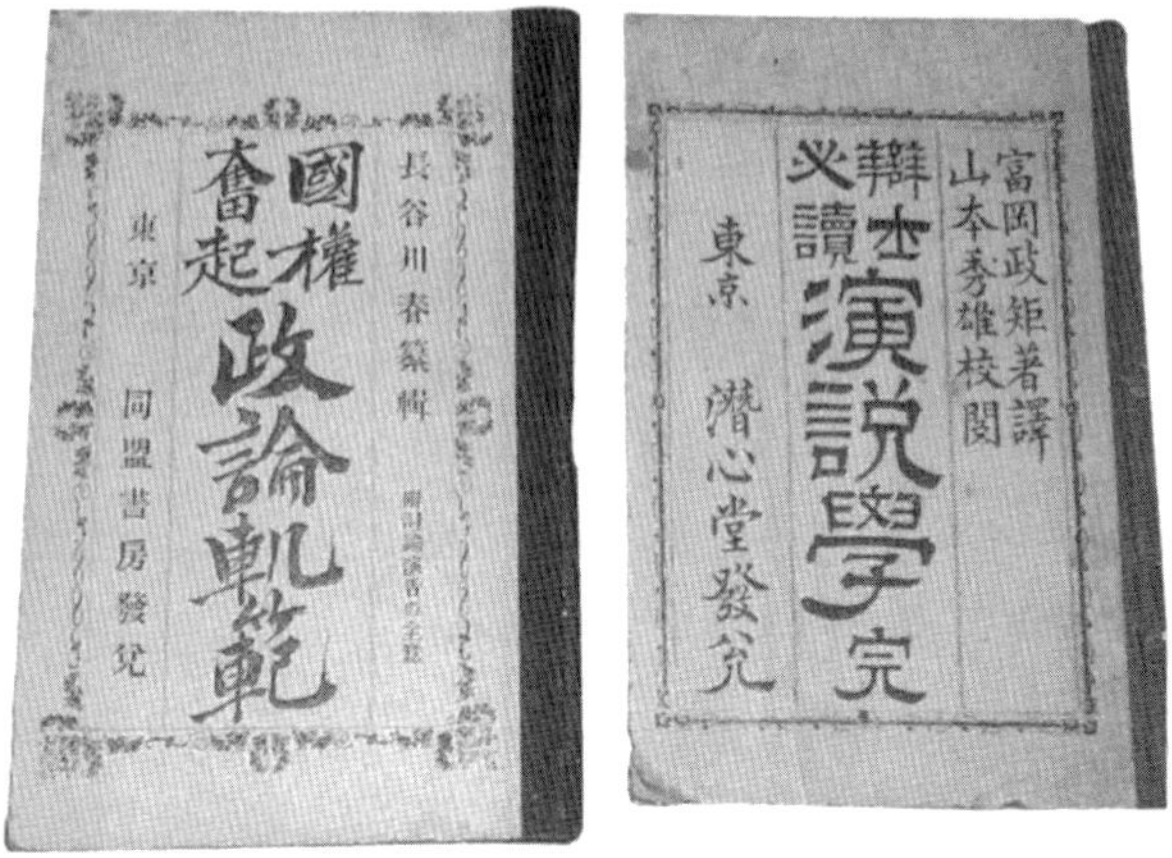

図7　演説関係書（著者蔵）

しばしば投書していたが、一八七六年三月には自主社を創立して『草莽《そうもう》雑誌』を創刊する。これは同年七月に発禁にあうが、九月に身代わりの『莽草《もうそう》雑誌』を出し、それが再び発禁となると翌七七年一月『草莽事情』を出すなど、政府の言論弾圧に抗し続けた。その後は、愛国社再興のために植木枝盛とともに西日本を遊説している。その経歴は「筆舌交代」を地で行ったようなものである。『泰西名家演説集』が好評だったので、一八八二年には、欧米の著書三冊を加えて、その改訂版を出している。

栗原は、その年の板垣の外遊に同道し、その後も自由党の活動家として活躍する。そして、一八八七年十二月、三大事件建白運動の際に出された保安条例で皇居外三里追放処分を受けて大阪に行くが、そこで中江兆民《なかえちょうみん》の『東雲《しののめ》新聞』の記者となる。一八九〇年の第一回総選挙では三重県第一区より出馬して当選し、以後、連続一〇期、衆議院議員を務め、自由党《じゆうとう》、憲政党《けんせいとう》、政友会《せいゆうかい》の中堅代議士として活躍する。

栗原の生涯をふり返ってみると、まず自ら出していた新聞が繰り返し発禁処分を受けたことから、やがて演説に新たな活動の場を見出したことが重要である。その後、自由党の活動家として頭角をあらわし、さらに議会開設とともに国会議員となる。新聞と演説での言論活動で活躍して、後半生は政党政治家となるのである。それは民権家の歩むひとつのパターンを示すものである。

また『泰西雄弁大家集』（一八七九年）を訳出した久松義典《ひさまつよしのり》（一八八五〜一九〇五）についても見ておこう。栗原と同じ三重県出身（旧桑名《くわな》藩士）であるが、前半は似たような経歴をたどっている。東京英語学校を中退後、七九年十一月に栃木県立師範学校に招かれ、間もなく校長になり八二年五月まで在職した。その後は『報知』の記者となり、同時に改進党員として遊説活動などで活躍する。さらに、一時『大阪新報』（のち『大阪毎朝新聞』）に身を置いたが『報知』に戻り、次いで『朝野』の記者にもなる。九〇年の第一回総選挙では、久松も三重県第一区より改進党《かいしんとう》から出馬するが落選する。この点では、栗原と違っている。しかし、久松はそれ以後も、言論の世界で活躍し続け、『北海道毎日新聞』『金沢新報』などにかわり、金沢で死去した。

右に見た栗原や久松は、生涯の大半を新聞や演説を通じた政治活動で送った。先の荒川高俊もそうであったが、彼らはそのような明治新時代の言論表現にアイデンティティを見出し、それを生業《なりわい》としていた。民権運動は、このような民権家によって支えられていたのである。

政党の結成

演説会への規制

演説会が広まっていくことに対して、政府も黙って見すごしていたわけではない。早くも一八七八年七月十二日「太政官《だじょうかん》布告第二九号」を出した。その内容は、〝最近各地で「国事政体ヲ談論スル」結社が作られて演説会を開き、多数の聴衆を集めているが、民心を煽動《せんどう》して「国安ヲ妨害スル」場合には、警察官がそれを禁止して、それを内務卿に報告すること〟というものであった。

東京府は、同年十二月九日、「東京警視本署甲第六四号達《たつし》」を出して、演説会を開く場合には、三日前に、その趣意・場所、日時、会主・会員三人以上の住所・属族・姓名などを詳しく書いて提出することを義務づけた。そして同月二十五日、これに違反した場合には、集会を解散させると、重ねて通達した。

また、一八八〇年二月、「陸軍省乙第八号達」第七条では、軍人、警察官、教員・生徒などは演説会への臨会・加入を禁止するとした。

これらのことから、各地で警察と演説会の主催者・弁士・聴衆の間では、しばしばトラブルが発生することになる。しかし、この時期の規制には、まだ罰則がなかったために、演説会の隆盛をとめることはできなかった。

そこで、政府は一八八〇年四月五日、集会条例を出した。先に一八七五年、「二法」を出して新聞を押さえ込んだのと同じように、この条例によって演説会を規制しようとしたのである。これは本格的な演説規制の法律であり、「二法」と並ぶ明治前期を代表する言論活動抑圧法令である。

前半の第一条から第九条は、それまで出していた禁止条目をまとめて、体系化したものである。特に第五・第六条では、集会には警察官が臨検し、それにふさわしくない者に退去を命じることを明記している。

後半の第十条から第十六条までは罰則である。認可を受けずに集会を開催した場合には、会主・貸主・幹事・「講談論議者」などを二円～二〇円の罰金とし（第十条）、警察官が解散を命じても退散しない者は二円～二〇円の罰金、もしくは十一日～六月の禁獄に処す（第十三条）などとしている。

集会条例は、愛国社《あいこくしゃ》第四回大会とそれに続く国会期成同盟《こっかいきせいどうめい》大会を抑え込むために出されたとされることも少なくない。だが、そのために急遽、出されたのではなく、従来の規制を一つにして、同時に罰則を定めたものである。

しかし、それによって演説会が減ったわけではない。内務省の統計（『官報第一六八〇号』、一八八九年二月七日）によれば、演説件数は、一八八一年の一万二〇一〇件から八二年の一万三二一二件と増えている。一回の演説数を五件と仮定すれば、二四〇二回から二六四二回へと二四〇回増加していることになる。

以下、地方の例として栃木県の場合を見てみよう。栃木県はのちに自由・改進党両党の強固な地盤となるとともに、個性ある民権家を輩出するからである（栃木県の民権運動については、拙稿「『自由の歌』自由民権家小室重弘の前半生」〈『東海近代史研究』第三〇号、二〇〇八年〉をご覧いただきたい）。

田中正造の回顧

足尾銅山鉱毒事件との闘いに生涯を尽くした田中正造《たなかしょうぞう》は「明治十四《ママ》年集会条例改正の影響」（一八九九年十月二十日、『田中正造全集』第二巻）で、自由民権期を回想して次のように書いている。

回顧すれば最早《もはや》二十星霜《せいそう》の昔、即ち明治十二年より同十四年六月に至るの間に在りては、一般政熱の熾盛《しせい》古今無比と称せん、真正なる政治家熱誠なる公共の士、其当時以後に索《もと》むべきなし、言論は自由なり、演説会同は公許せられ、到る処として演説会を開き討論会を設け其之《そのこれ》に会同するの人々は、小学校の教師訓導より戸長書記等を始めとし、其郷に在りて多少なり資産を有するもの、幾分学識あるものにして参会せざるはなく、僅かに一村一字《あざ》の討論会場に百余名の会員列席せしめ、父子相戦ひ兄弟相攻め子孫相抗するの奇観は、実に聴者をして文明の余光を感佩《かんぱい》せしめたりき。

これを書いた頃の田中は、足尾鉱毒問題で孤軍奮闘の状態にあり、ここにはかつての民権期の運動の盛り上がりへの熱い回顧が込められている。民権期には、人びとの政治に対する熱意が強く、真正の政治家や情熱に満ちた活動家が現われて、演説会・討論会が盛んに開かれていたというのである。

田中は、二〇年前の一八七九年には、第二次『栃木新聞』（一八七九年八月二日創刊）の編集長であった。九月十二日・十五日の論説「国会ヲ開設スルハ目下ノ急務」では、人民が無気力になり、国家が萎縮している現状を打破するために、人民に参政権を与え、国会を開設することを望むと書いている。また、編集長として、同紙の記事のために、十月四日と十一月十一日の二回、讒謗律《ざんぼうりつ》第五条により罰金五円を申し付けられてもいる。

田中は、翌一八八〇年二月の県会議員補欠選挙で当選し、以後、県議として活躍する。当選した直後には、東京で開かれた第三回地方官会議（二月五日〜二十八日）の傍聴に出かけている。その時、各地から上京してきていた議員たちが会合して、国会開設建白書を出すことになったが、田中もそれに加わる。そして、二月二十七日、一〇県二六人の議員による「(国会開設）建言書《けんげんしょ》」が出された。この会合をとり仕切ったのは、東京府会副議長を務めていた『東横毎日』社長の沼間守一《ぬまもりかず》である。国会開設運動は、愛国社が中心となり展開されていくと思われがちであるが、この議員有志の動きは、前年に桜井静《さくらいしずか》（千葉県武射《むさ》郡小池村）の「国会開設懇請協議案」が出されて、多くの府県の議員たちの間で盛り上がってきていたことの反映であり、愛国社の運動とは直接的な関係はない。

盛り上がる演説会

田中が東京から戻って間もなく、三月中旬には、足利・佐野など彼の周辺の町では演説会が開かれ、そこには沼間守一らの嚶鳴《おうめい》社員が招聘《しょうへい》されている。そして、足利に第十九嚶鳴社が、佐野に第二十嚶鳴社が作られるが、それは、先に田中が上京した際に、すでに沼間と接触していたからであろう。

同年八月二十三日、安蘇《あそ》郡では田中を会長として、会員七八名による安蘇結合会が結成される。副会長の関口省三は第二十嚶鳴社創設の発起人となった人物である。この安蘇結合会は十月に中節社《ちゅうせつしゃ》と改名する。民権期を通じて、安蘇郡の民権結社は一九社が確認され、県下九郡の中では最も多い。なお栃木県内の民権結社の合計は五四社である（『栃木県史　通史編6・近現代一』一三二ページ）。

しかし、その頃の栃木県内では他のグループも活動を始めていた。その中でも、新井《あらい》章吾《しょうご》・塩田奥造《しおたおくぞう》らの下都賀《しもつが》郡のグループが活発であった。

新井は下都賀郡吹上《ふきあげ》村（現栃木市吹上町）の豪農の長男である（大町雅美『新井章吾』下野新聞社、一九七九年）。幼くして吹上藩の日就館に学び、さらに英学を学ぶために隣藩の壬生《みぶ》藩の育英館にも通った。維新後には、若くして副戸長や戸長をも務めているが、もう少し早く生まれていれば、生家の近くで一八六七年に起こった「出流山《いづるさん》事件」（尊攘浪士たちによる蜂起事件）に加わっていたかもしれない。だが、新しい時代の流れの中に身を置いた新井は、それとは異なった形で自らの政治的意思を表現し、やがては自由党のリーダーの一人となっていくのである。

新井は、やがて大井憲太郎《おおいけんたろう》に連なる自由党急進派となり、大阪事件の際には渡韓実行隊長になることで知られている。しかし、早くから地元で演説会を組織して地道な活動を続けたことを忘れてはならない。

また、塩田奥造は、後に星亭《ほしとおる》の信頼する盟友として、全国的に活躍することになる人物である。塩田も新井と同じ吹上村の出身であるが、彼の家も藍玉《あいだま》商を兼ねる豪農であった。二人とも後に県会議員、さらに国会議員になっていく。

二人が初めて郷里の吹上村正仙寺で演説会を開いたのは、一八八〇年五月二十三日である。その時の弁士は、栃木師範学校長久松義典（前出）ほか三名である。この演説会は、毎月続けられていくが、彼ら自身が登壇することもあった。

また、この年の半ば過ぎからは、彼らは県庁所在地の栃木町周辺でも盛んに演説会を開いていくことになる。弁士としては、東京から馬場辰猪《ばばたつい》や北辰社の荒川高俊《あらかわたかとし》・土居光華《どいこうか》などが、ほぼ毎月来ている。下都賀郡内の民権結社は一六あり、県内では安蘇郡についで二番目に多い。

また、『栃木新聞』同年二月十四日によれば、県東南部の芳賀《はが》郡でも、それより少し前の同年二月に、郡書記の横堀三子《さんし》（祖母井《うばがい》村）らが真岡《もおか》町に天籟社《てんらいしゃ》という結社を設立していた。この結社は、毎月二、三回、講談会（演説会）を開くことにしたが、弁士には東京

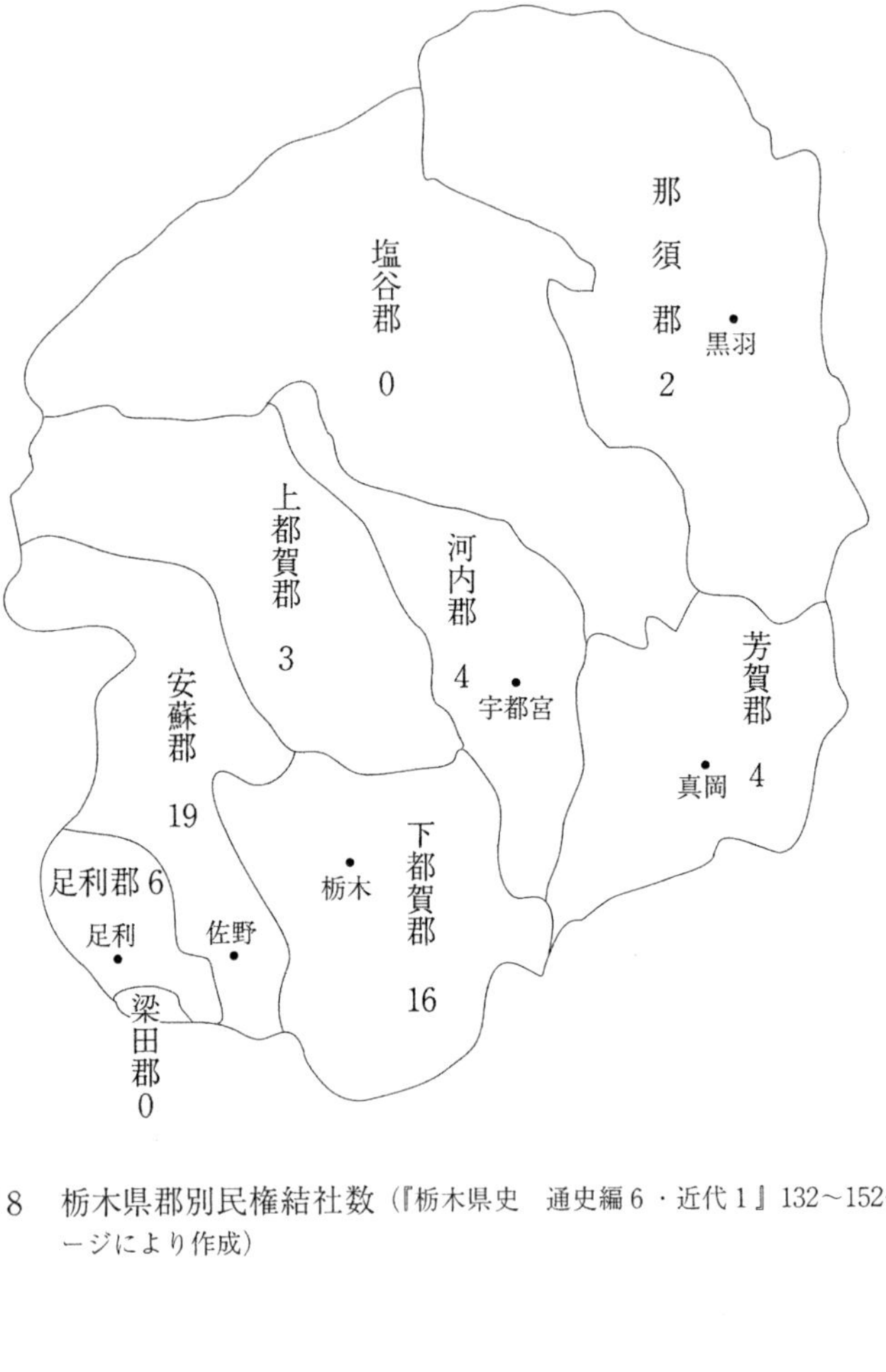

図８　栃木県郡別民権結社数（『栃木県史　通史編６・近代１』132～152ページにより作成）

から荒川高俊とH・J・ブラック（前出のJ・R・ブラックの子）を招く予定であると、同紙は報じている。横堀は同月の県会議員補欠選挙で当選し、のち県会副議長を務める。

このほか、宇都宮の士族も独自の活動をして、宇都宮団結会を結成している。

栃木の民権運動は、全国的にはやや遅れて出発したが、一八八〇年に入ってからは、このような盛り上がりを見せていたのである。そして、七月には、田中正造・新井章吾・塩田奥造と、斎藤清澄（栃木新聞社主）・中田良夫（栃木新聞幹事）・小室重弘（旧宇都宮藩士族、のち栃木新聞論説課長）の六人の活動家が、「栃木県下同志諸君ニ告グル書」（『田中正造全集　第一巻』所収）という呼びかけ文を出して、国会開設運動への積極的な参加をうながした。

さらに、彼らを中心にして、県内の運動の統一がはかられる。だが、各地でばらばらに発展してきた運動を、一つにまとめていくことは容易ではなかった。八月三十・三十一日、それぞれの地域の代表九二名が栃木町中教院に集まり、下毛《しもつけ》結合会を結成して、統一の国会開設要求を出すように議論したが、まとまらなかった。九月二十五日、下毛結合会第二回公会を開いたが、やはり結局、それも失敗に終わった。その結果、県内からは国会開設建白書と請願書とが合わせて五つ、別個に出されることになる。これらの建白書・請願書の総代には、田中・新井・塩田を含めて一一人がなっているが、署名人合計は一万九一九人である（『栃木県史　通史編6・近現代一』五〇九〜五二一ページ）。

研究書の中には、当時の建白書・請願書の数の多さによって、民権運動の高まりを説明しているものもある。だが、栃木県の事実は、そうした評価が表面的にすぎないことを示している。もっとも、その過程で、それぞれの勢力がしのぎをけずって運動を展開していったことにより、運動を盛り上げた面もある。

栃木県は、やがて自由・改進両党とも党員数が全国有数の地域となる。一八八四年五月の自由党員数は二七三人で全国第二位であり（佐藤誠郎・原口敬明・永井秀夫編『自由党員名簿』明治史料研究連絡会、一九五五年）、改進党も一八八九年には二〇四人で全国一位となる（安在邦夫『立憲改進党の活動と思想』校倉書房、一九九二年、一一三ページ）。

このように、演説会・討論会を通じて、国会開設運動は盛り上がっていった。しかしもちろん、そこでの演題・議題が、国会開設に関するものだけではなく、教育・地方自治・外交・憲法などや文明開化的なものまで多岐にわたっていたことは言うまでもない。

以上の栃木県の例を見たが、一八八〇〜八一年に、全国的に盛り上がった国会開設運動を支えていたのは、このような演説会・討論会であった。

「明治十四年の政変」

さて、視点を再び中央に向けることにしよう。演説会の力を明確に示したのは、一八八一年七月から十月にかけて展開された開拓使官有物払い下げ反対運動である。開拓使は、北海道開拓のために作られた官庁で、一八七二年以降の一〇年間に、総額一四〇〇万円以上もの国費を投じて事業を進めてきた。政府は、それをわずか三八万円、三〇ヵ年賦という廉価で、五代友厚《ごだいともあつ》（薩摩出身の政商）らの作った関西貿易商会に払い下げようとしたのである。

その問題をはじめて取り上げたのは、『東横毎日』六月十九日の社説で、その後『報知』や、政府系の『東日』までもが、それを批判する論説や記事を掲げるようになる。八月に入ると、その批判のための演説会が盛り上がったが、中でも八月二十五日の新富座《しんとみざ》での政談演説会は、この時期の演説会を代表するものである。主催者の『東横毎日』は、多数の来場者を見越して、会場に東京府下第一の広さを誇る新富座を選んだ。しかし、会場には三〇〇〇人以上の聴衆で溢れた。それでも入りきれなかった者が多かったという。

この日の演説会が、それほどまでに盛会となったのは、払い下げに対する人びとの怒りが高まっていたためである。だが、この日の弁士の福地源一郎・肥塚龍《こえづかりよう》・沼間守一らが、当時の演説界において、スター的な雄弁家として知られていたことも忘れてはならない。

払い下げを追及する演説会は全国各地で開かれた。特に、関西貿易商会の本拠地大阪や、その周辺の和歌山・神戸などでの動きは激しく、中には警察官が中止を命じて、大騒ぎになったところもある。指原安三《さしはらやすぞう》『明治政史　上篇』第十四編（『明治文化全集　政史篇上』）は、この時期の演説会の盛り上がりについて、〝日本全国の人民が皆、これほどまでに政費の処置を非難したことは、明治維新以来初めてであろう〟と書いている。

このような動きについて、明治天皇の侍補《じほ》を務めたことのある佐佐木高行は「建言書」（九月九日）で、次のように書いている。〝新聞雑誌や演説会が、払い下げに対して、日夜ごうごうたる非難攻撃を繰り返している。そのために、都会から遠く離れた田舎に住んでいる者までもが、政府の失策をそしり、その不公平を憤《いきどお》るようになった。そうなったのは、民権を唱えていた過激粗暴の輩が、「筆舌ヲ以テ天下ヲ鼓動」しようとしているからである。だが、それを認めると、彼らがいっそう力を得て、フランス革命と同じになるかもしれない。〟

しかし、政府もついに方針を転換する。運動のさらなる盛り上がりを危惧して、十月十一日の御前会議で払い下げの中止を決め、翌日、発表した。新聞と演説会による批判が、すでに閣議で決定していた政策を撤回させたのである。同時に政府は、一〇年後には国会を開設するという約束をした。さらに、筆頭参議の大隈重信を、民権派に通じたとして罷免にした。いわゆる「明治十四年の政変」である。

政府をそこまで追い込んだのは、払い下げ反対運動の盛り上がりであり、その原動力となったのは、新聞と演説会、特に演説会である。桜田門外《さくらだもんがい》の変《へん》で大老井伊直弼《いいなおすけ》を殺害するテロが起こってから二一年後、日本でもパブリック・オピニオンという言論の力が、世の中を動かす時代がついに訪れたのである。

雄弁家の時代

この時期に至り、演説会における聴衆のあり方も、以前とは変わってきた。演説会が始まった頃の聴衆は、弁士の話から西欧についての知識を得るために演説を聞きに行った。だが、この時期の聴衆は、そのような観客ではなくなっていたのである。弁士の述べることに賛成する時には、「ヒヤヒヤ」（〝異議なし！〟の意味）の声を一斉に挙げ、逆に政府の間違った政策について触れると「ノーノー」（〝ナンセンス！〟のような意味）と叫んだ。また、彼らは、演説会の弁士や主催者と臨監の警察官との間にくる広げられるやり取りを楽しみにしており、時には弁士と一体となって警察官を追及することも少なくなかった。演説会は、まだ選挙制度がないために投票ができない者や、文字を書くことができないために自分の意見を新聞に投書できない者たちにも許されていた数少ない意思表示の場であった。

しかし、それをもって新しい政治主体が誕生したとするのは誤りである。演説会の主役は、いうまでもなく弁士であり、聴衆はやはり牧原憲夫氏の言う「客分《きやくぶん》」（『客分と国民のあいだ』吉川弘文館、一九九八年）であった。そして、「客分」である聴衆を、演説会の構成要素にまで高めるのが、弁士の力量である。有能な弁士は、聴衆が求めていることや、語って欲しいと望んでいることを巧みに語る能力がなければならない。また、巡査との駆け引きも必要である。聴衆がそれを期待しているからである。それらの能力を兼ね備えている者こそが「雄弁家」である。とうとうと演説するだけでは「能弁者」や「滑弁者」にすぎない。

当時は映画もテレビもなく、さらにプロスポーツもなかったので、雄弁家は時代の花形の一つであった。先の新富町演説会で登壇した沼間守一には、「成田屋アー」という声が大向こうからかかったというが、それはまさしくその現われである。

当時にあって、この沼間と並んで、雄弁家の名をほしいままにしたのは馬場辰猪である。馬場は、民権結社の共存同衆を代表する活動家であるが、一八七〇～七八年の約八年間のイギリス留学中に、何度もイギリス下院を傍聴した。当時のイギリスは、グラッドストーンの自由党とディズレーリの保守党とがしのぎを削っており、十九世紀のイギリス政治史においても特筆される時代であった。馬場は、その二人の演説をしばしば聞いたのである。さらにドーバー海峡を三回も越えて、ベルサイユのフランス議会を訪れている。その頃のフランスは、ナポレオン三世が失脚した後の第三共和制の時代であったが、馬場は王党派を激しく攻撃する急進共和派のガンベッタに強い共感を覚えたという。

図９　谷中墓地の馬場辰猪の墓

馬場は，亡命先のフィラデルフィアで1888年客死した．この墓の形と高さは，フィラデルフィアのウッドランズ共同墓地にあるものとまったく同じである．

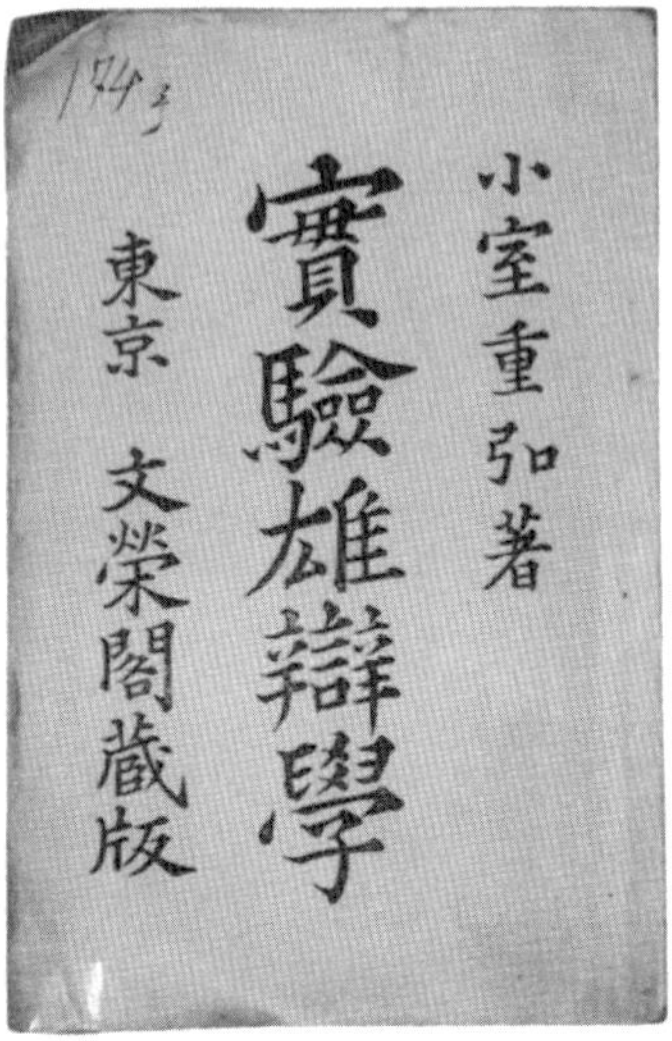

図10　小室重弘『実験雄弁学』（著者蔵）

馬場の雄弁は、それらの体験に根ざしていた。彼はのちに『雄弁法』（朝野新聞社、一八八五年）を著すが、それは日本でそれまでに書かれた演説作法書の中では最も優れたものである。

また、栃木新聞論説課長となる小室重弘（一八五八〜一九〇八）は、「演説論」（『栃木新聞』一八八〇年七月九日・十二日論説）で、次のように訴えている。

演説ハ……人心ヲ激励シ容易ニ真実ノ思底《してい》ヲ吐露スルヲ得ルモナリ。此故ニ古今欧米各国ノ論者説客志士仁人、皆此法ニ拠ラサルモノナシ。且夫《かつそれ》レ政府ノ要路ニ立ツモノ、民間ノ気脈ニ居ルモノ、或ハ閭門《りよもん》ニ之ヲ論シ、或ハ議場ニ之ヲ説キ、其一口其一言能《よ》ク奸佞《かんねい》ノ胆ヲ刺シ、頑懦《がんだ》ノ眠ヲ攪シ万世不易ノ大道ヲ縷述《るじゆつ》シ、或ハ強兵ヲ屈撓《くつとう》セシメ、勇将ヲ挫折セシメ、若《もし》クハ大衆ヲ結合シ、各国ヲ団併スルガ如キ事大小トナク皆、演説能《よ》ク之ヲ為ス可シ。所謂三寸ノ舌能ク百万ノ兵ニ当ルモノナリ。（傍点は稲田）

これは、演説の役割を述べた至言であり、幕末期に池田長発が新聞について「一張之紙、数行之墨……百万之兵卒にも勝り候」としたのと並んで、言論の意義を的確かつ簡潔に表現したものである。両者が、くしくも「百万ノ兵」という言葉を使っているのは興味深い。小室は、自らも雄弁家であったが、演説法に関する著書を数冊残している。その集大成ともいうべき『実験雄弁学』（一九〇三年）の自序では、さらに次のように書いている。

我国の歴史に於て、雄弁家なるもの、現はれたるは、明治時代を以て始めとなし、且《か》つこれが此《この》時代の新たなる勢力、新たなる光彩で有つた。当時国民に向て、新思想を鼓吹《こすい》し新知識を注入したるは、彼等雄弁術に長じたる新人物の力（が）与《あずか》つて多きに居ると謂《い》はねばならぬ。彼等が明治の新思想界に貢献したるの功労は、長く忘る可《べ》からざる所である。

ついに、日本にも雄弁家の時代が到来したのである。

政党の結成

日本において最初の政党である自由党は、国会開設の詔勅《しょうちょく》をうけて、一八八一年十月中旬に結成されたとされている。しかし、政党結成の動きは、すでに前年八〇年十一月の国会期成同盟第二回大会の前後から起こっていた。その時の全体会では、政党の結成は時期尚早とする意見が多くて見送られたが、それにあきたらない河野広中《こうのひろなか》（福島）・植木枝盛《うえきえもり》（高知）・内藤魯一《ないとうろいち》（愛知）・山際七司《やまぎわしちし》（新潟）・松田正久《まつだまさひさ》（佐賀）らが、在京の嚶鳴社の沼間守一や『扶桑新誌《ふそうしんし》』の林正明などとともに、政党の結成をめざして会合を続けていたのである。

そして、十二月十二・十五日の会合で、沼間が座長となり、「自由党結成の盟約」四ヵ条を決めた。第一条は「我党は我日本人民の自由を拡充し、権利を伸張し、及びこれを保全せんとするもの、相合して之を組織するものとす」であり、第四条は「我党は我日本国は立憲政体の宜《よろ》しきを得るものなるを信ず」である（『河野盤州伝上巻』一九二三年、三八八～九頁）。つまり、「自由」「権利」「立憲政体」の政党の結成がめざされたのである。

一八八一年十月二十六日に出される「自由党盟約」全三章も、基本的には前年のものを受け継いだものである。その第一章は「吾党は自由を拡充し、権利を保全し、幸福を増進し、社会の改良を図るべし」であり、第二章は「吾党は善良なる立憲政体を確立する〈こと〉に尽力すべし」となっているのである（『自由党史』第五編第三章）。

しかし、組織の面では、新しく結成された自由党の方が、はるかに画期的であった。その「自由党規則」（全一五章）には、東京に中央本部を設け地方に地方部を置くことや、党役員として公選の総理一名、副総理一名、常議員若干名、幹事五名を置くことなどが書かれている。つまり、自由党は、単に立憲政体《りつけんせいたい》をめざすというだけではなく、恒常的に活動する全国的な組織として成立したのである。寺崎修『明治自由党の研究　上』第一編Ⅰ二（慶應通信、一八八七年）は、全国の三二の地方部を挙げている。

この自由党の結成後、間もなく立憲政党（一八八一年十一月結成）と九州改進党（一八八二年三月結成）が作られた。立憲政党は大阪に本部を置き、近畿地方とその周辺に党員をもつ独立の政党ではあったが、自由党は友党としての関係をもち続ける。また九州改進党は、九州の諸民権結社の連合体的な性格をもち、長崎を本部に置いた。改進党を冠しているが、次に述べる立憲改進党よりも先に結成されたものであり、それとは無関係である。

その後、一八八二年四月十六日、立憲改進党（以下、改進党と略記）が結成された。改進党は、民権派のうちで、自由党に参加しなかった民権派がまとまって作った政党であり、主に以下の四つのグループからなっている。

第一は、東洋議政会グループで、慶応義塾関係者のうち、特に『報知』に拠る矢野文《やのふみ》雄《お》・犬養毅《いぬかいつよし》・尾崎行雄《おざきゆきお》などが主要メンバーである。第二は嚶鳴社や『東横毎日』系のグループで、沼間守一をリーダーとし、島田三郎・大岡育造《おおおかいくぞう》・肥塚龍《こえづかりよう》・青木匡《あおきただす》・波多野伝《はたのでん》三郎《ざぶろう》・丸山名政《まるやまなまさ》らである。第三は鷗渡会《おうとかい》系の者で、小野梓《おののあずさ》を中心として、高田早苗《たかたさなえ》・山田一郎・天野為之など帝大出身者が多い。これらは、それまで新聞や演説会を通して民権活動を展開してきたグループである。

そして第四が前年秋の政変で辞任した大隈重信《おおくましげのぶ》とその配下の河野敏鎌《こうのとがま》・前島密《まえじまひそか》・北畠治房・牟田口元学《むたぐちげんがく》らである。このほかに、田中正造のように、当初は国会期成同盟に参加し、さらに自由党の結成の過程では顔も出しながらも、土佐派・愛国社系の者の運営方法に違和感をもち、自由党に入党しなかった者も加わった。

この改進党の結成により、広い階層が政党にかかわりをもつ機会が生まれたことも、大きな意義がある。改進党は、自由党に比べて穏健派と見られているが、西欧の立憲政体についての理解では、自由党よりも深い面もあった。

このように、一八八一～八二年に作られた政党は、立憲政体の早期実現という政体の根幹にかかわる目標を掲げて、それをできるだけ遅らせようとする政府に対抗したものである。同時にそれは、明確な役員体制をとって恒常的に活動する全国的な組織であった。つまり、旧来の民衆運動のように、ある特定の問題を解決するために作られた一部の地域での一時的な組織ではないのである。もちろん、このような組織が成立するには、中央―地方を通じて、常に活動する民権家が存在してはじめて可能となったことは言うまでもない。

そして、そのような組織が作られたということが、民権運動の歴史的な位置を示している。近世や明治初期の一揆、さらに松方デフレ期の群馬事件・秩父《ちちぶ》事件は、限定された地域での非日常的な蜂起であり、政党の組織と活動とは異質の次元のものである。したがって「秩父事件は自由民権運動の最後にして最高の形態」というような見方が、民権運動研究と無縁であることはもはや贅言《ぜいげん》を要しないであろう。

政党への政府の対応

政党ができたことは、政府にとっては脅威であった。立憲政体の樹立をめざして、恒常的に活動する全国的な組織が生まれたからである。したがって、政府はさまざまな手段を使って政党を解体しようとした。

自由党が結成されて間もない一八八一年十一月八日、警視庁は京橋区警察署を通じて、同区鎗屋《やりや》町《ちょう》九番地の自由党仮本部に掲げられた「自由党本部」という表札を、集会条例に違反するとして撤去した。その理由は、自由党がその盟約第二章で「善良なる立憲政体の確立」を掲げており、集会条例第二条に言う「政治ニ関スル事項ヲ講談論議スル為メ」の結社であることは明白なのに、警察に届け出て認可を受けていないということであった。自由党も、さまざまに反論したが、結局、それに従った。警視庁は、のちに改進党に対しても同じように処置することになる。

政府の政党攻撃の第二弾は、一八八二年六月三日に集会条例を改正（追加も含む）したことである。その主要な点は、演説会に対する規制を一段と強化したことと、政治結社が支社を置くことや結社同士が連絡を取り合うことを禁止したことである。前者は政党の恒常的な活動への攻勢と抑圧であり、後者は政党の組織的な弱体化をねらったものである。実際に、この集会条例の改正と追加は、生まれて間もない政党にとっては、大きな重石《おもし》となる。特に後者は、自由・改進両党が、地方部を充実させて、全国的な組織として一層の発展をめざしていただけに、大きな打撃を受けたのである。

政府は、このような正面からの攻撃だけでなく、搦《から》め手からも政党の弱体化をはかった。自由・改進両党間の対立を煽り、敵対関係に追いこんだのである。すなわち、よく知られているように、自由党総理板垣退助《いたがきたいすけ》を洋行させたのである。これは、一八八二年三月頃から、伊藤博文《いとうひろぶみ》と井上馨《いのうえかおる》が仕組んでいた計略である。つまり、政商の三井《みつい》に、陸軍御用を八五年まで延長する見返りとして、洋銀二万ドル（二万円余）を出させて、それを板垣の洋行費用に充てたのである。この話を最初に受けたのは後藤象二郎《ごとうしょうじろう》であるが、後藤は費用のことは伏せたまま、板垣に、自分も同行するので一緒に欧州に行くように薦《すす》めた。板垣は、詳しい事情を知らないまま、それに同意したらしい。ともかく、大金のすべては後藤に振り込まれ、その一部が二人の洋行費に使われることになる。

しかし、政党への政府の攻撃が強くなり、党の維持と発展のために、一段と活動を高めていくことが必要な時期に、総理が洋行することは職務放棄以外の何ものでもない。八二年八月下旬、板垣が洋行のことを党幹部に告げると、強い反対が起こった。特に常議員の馬場辰猪・大石正巳《おおいしまさみ》・末広重恭《すえひろしげやす》の三人は、総理としての無責任さを批判するとともに、外遊費用の出所についても追及した。

だが、それに激怒した板垣は、馬場と大石を自由党常議員から辞任させ、馬場はさらに自由新聞社説係からも解任した。この騒ぎの中で、結局、末広重恭（社説係）・田口卯吉《たぐちうきち》（社説係）・西河通徹《にしかわつうてつ》（投書調）などの有能な党員が、自由新聞社を辞めることになり、やがて中江兆民《なかえちょうみん》（社説係）も去っていった。

板垣の洋行は党外からも批判を受けた。改進党の機関紙的な存在である『報知』と『東横毎日』は、当初からその疑惑を書いていたのである。

だが、十一月十一日、板垣・後藤がフランスに出発すると、今度は『自由新聞』が攻勢に出た。板垣と三井との関係を突かれたことの逆襲とばかりに、改進党と三菱《みつびし》の関係の深さを強調し、さらに三菱が政府の保護によって発展したことを論じたのである。馬場らが去った後の『自由新聞』は、主幹の古沢滋《ふるさわうろう》（前『大阪立憲政党新聞』主筆）が牛耳っており、同紙の改進党攻撃は古沢の方針であった。

翌八三年二月以降、自由党は「偽党撲滅」を掲げた演説会を開くようになる。さらに栃木県の自由党の演説会や懇親会では、大熊退治（改進党攻撃）と大鯰《おおなまず》殺し（三菱叩き）という低次元のパフォーマンスまでもが行われた。

自由党は、一八八三年四月二十三・二十四日に定期党大会を開いた。この時の中心は星亨であった。星は巨額の資金をバックに、板垣不在の中にあって、党の中心的な地位に登ったのである。この大会の主な課題は、党財政の再建であったが、改進党攻撃の方向をいっそう明確にしたものでもあった。そこでは、党派の論理が優先し、〝自ら生きるためには相手を殺す〟という政治組織の業《ごう》が見られる。攻撃を受けた改進党も、反撃を試みたが、自由党には及ばなかった。

以上のように、それまでの民権運動の発展を支えてきた二大車輪ともいうべき新聞と演説会は、板垣の洋行の以後、自由・改進両党がそれぞれの党の存続をかけて展開するバトルの具と化したのである。伊藤・井上がもくろんだ謀略は、このように予想以上の成果をあげた。しかも、その内ゲバの最中の一八八三年四月十六日、政府は新聞紙条例を改正した。条文は、旧来の一六条から四二条へと、二倍半以上も増えたのである。

自由党の解党

一八八三年六月に帰国した板垣は、当時の自由党の主要な活動が改進党攻撃であると聞いて驚いた。だが、一度噴出した「偽党撲滅」の勢いは止まらなかった。板垣は、解党をちらつかせながら、党資金の募集を提案した。しかし、党大会ではそれを何度も決議しながら、ほとんど成果はあがらなかった。何しろ資金募集額は当初の目標が一五万円であったのに、実際には一万円しか集まらなかったのである。その背景には、松方デフレが進行しており、それまで民権運動を支えていた豪農層が、政治運動にかかわる余裕がなくなったという事情もあった。しかし、自由党がそれほど魅力のないものになっていたことも事実である。

一八八三年以降の自由党は、一部で地租《ちそ》軽減問題に取り組む動きも見られたが、党全体の動きとはならなかった。偽党撲滅運動に力を注いだのと、政府の厳重な規制で、活動ができなくなっていたためである。

一八八四年になると、そのような党のあり方に不満を抱いた者たちが、合法の枠を越えた行動をとるようになり、激化諸事件が起こる（諸事件の研究は多いが、近年のものとしては、寺崎修『自由民権運動の研究』〈慶應義塾大学出版会、二〇〇八年〉がある）。中でも、九月の加波山《かばさん》事件は、板垣ら幹部に強い危惧の念を起こさせた。それが自由党全体の動きとみなされることを心配したのである。そして、ついに解党を決める。党員たちも当初は反対していたが、十月二十九日、大阪での定期党大会で解党を決議した。

その頃、改進党でも、総理の大隈重信と副総理の河野敏鎌らが解党論に傾き、党員名簿の廃止を提案した。しかし、沼間守一や藤田茂吉《ふじたもきち》らはそれに反対して地租軽減建議書を提出しようとしたことから、大隈・河野らが十二月十七日に脱党する。改進党の組織は、その後も存続していくが、めぼしい活動は見られない。改進党は、政府の厳しい規制以上に、自由党による偽党撲滅運動から多大の打撃を受けて、衰退せざるをえなかった面もある。

この自由党の解散、改進党の分解の起こる以前に、地方の政党も解散していた。一八八三年三月に大阪の立憲政党が解散し、さらに同年後半には自由党系政党が一三、改進党系政党も一五が解散を余儀なくされたのである。

なお、民権運動の衰退に関しては、密偵がかなり広範な規模で暗躍していたことを、当時の諸史料や文献からうかがうことができる。彼らは、民権派の動向をかなり克明に報告しているのみならず、その中に入り込み、自由・改進両党間や自由党内部の対立をあおる役割をはたしていたのである。

激化事件と裁判

自由党の解散後、激化諸事件の裁判が行われた。政府は、それらの裁判では、被告たちを国事犯《こくじはん》ではなく、常時犯《じょうじはん》（一般の犯罪）として裁くという方針をとった。それは福島事件の裁判（一八八三年二月〜九月）を踏まえたものである。

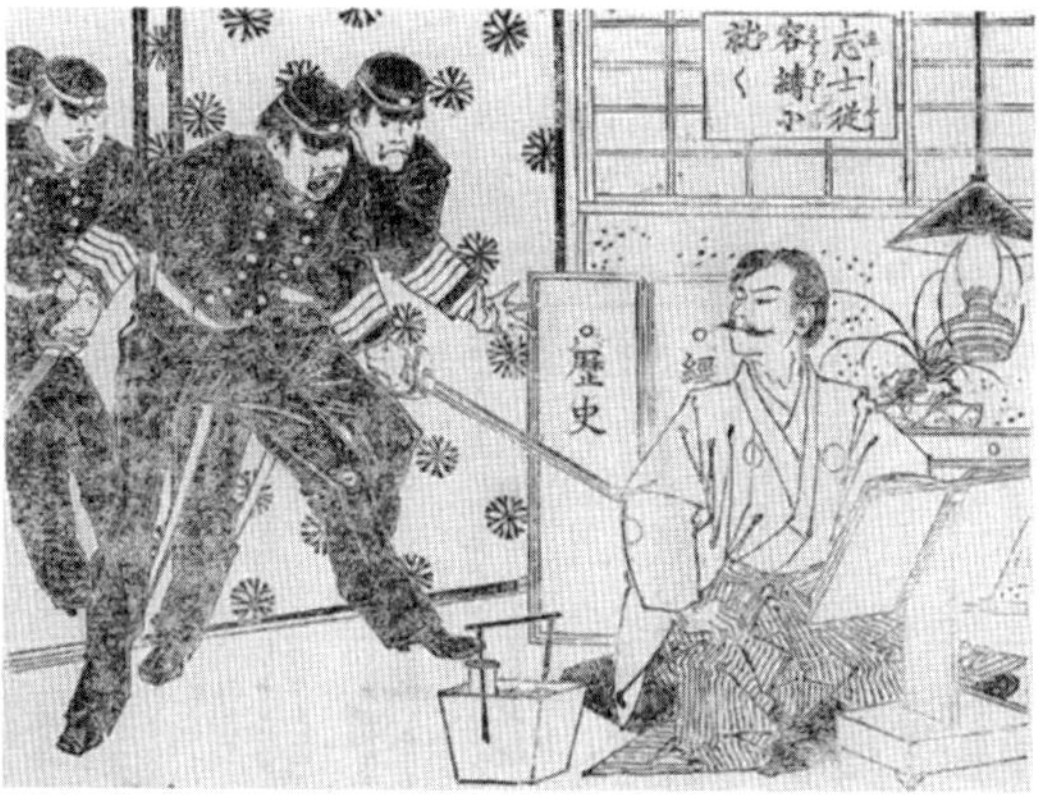

図11　福島事件

福島無名館で捕縛される河野広中（『絵入自由新聞』1883年8月8日「高等法院公判傍聴筆記」）

福島事件の裁判は、河野広中ら六人の被告を、福島自由党本部の無名館で「擅制《せんせい》政府ヲ転覆シテ……」という盟約書に署名し、内乱陰謀を企てたものとして、治罪法（一八八二年一月施行）に基づき、国事犯に仕立てて、東京の高等法院で開かれることになった。だが、その公判の様子が新聞で報じられると、被告たちは大きな評判をとり、傍聴筆記に載った六人の挿絵が「天福六家撰」として錦絵で売られるほどの人気をとったのである（「天福」は「転覆」のかけ言葉）。

人びとは、福島県令三島通庸《みちつね》の暴政を知っていたし、それと闘った河野らを英雄として称えたのである。河野らを国家への反逆者に仕立てようとしたことが、かえって裏目に出たのである。

政府は、そのことから、その後の諸事件の裁判では、被告たちを国事犯ではなく、常時犯として扱うことにした。つまり、彼らの目的や計画のことはいっさい取り上げずに、殺人・放火・強盗・傷害罪として刑を下した。それによって、彼らが人びとの共感を得られないようにしたのである。

また、国事犯であれば定役のない流刑となるところを、常時犯であったために、過酷な重労働を含む定役を課せられる徒刑とされた者も多かった。そして、凶悪犯罪人として九年以上の有期徒刑や無期徒刑となった者は、北海道の樺戸《かばと》・空知《そらち》・釧路《くしろ》・網走《あばしり》の集治監に送られて、社会から隔離された。激化事件などの民権運動関係者で、この四つの監獄に入れられた者の合計は、四七人に達した（供野外吉『獄窓の民権者たち』みやま書房、一九七二年）。

このような厳しい判決は、実力的な反政府行動が不可能であることに、改めてダメを押すこととなった。

自由民権運動のその後

大同団結運動と初期議会

条約改正反対運動・三大事件建白運動

民権運動が終わってから憲法発布と国会開設までの時期に、旧民権派のかかわった運動としては、三大事件建白運動《さんだいじけんけんぱくうんどう》と大同団結運動《だいどうだんけつうんどう》がある。ただし、それらは民権運動が終わってからの運動であるので、従来の研究では、あまり積極的な視線は向けられてはいない。しかし、これらの運動は、旧民権派が新しい情勢に向けて体制を立て直していったものとして、大きな意義をもっている。

三大事件建白運動というのは、一八八七年十月から同年末までに展開したもので、全国各地の代表が、当時の大きな問題である「外交失策の挽回（＝条約改正反対）」「言論集会の自由」「地租軽減」を訴えるために建白書を携えて上京し、大臣たちに面会を求めた運動である。それは、まず条約改正反対運動として始まった。一八八七年五月頃、井上馨《いのうえかおる》外相がそれまで一年にわたって条約改正交渉を秘密裏に進めていたことが、外部に漏れたのである。

前々より輿論《よろん》は、政府が条約改正交渉を有利に進めるという口実の下に、鹿鳴館《ろくめいかん》で舞踏会を開いていることに批判的だった。また、八六年十月に起こったノルマントン号事件（イギリス船籍の貨物船ノルマントン号が紀州沖で沈没した際、イギリス人の乗務員は全員脱出したのに、日本人二五人とアジア人の船客は全員水死した事件）の裁判で、イギリス人船長が無罪になったことにも、不満をもつ者が多かった。そのような中で、新条約の内容が漏れて、外国人が日本国内で自由に居住・旅行・営業できるようになることや、外国人の関係する裁判では外国人の判事・検事を任用することなどが分かったのである。

司法省法律顧問ボアソナードが反対の意見書を提出していたところに、農商務相谷干城《たにたてき》も意見書を提出して辞任した。その頃から、条約改正反対運動が起こってきた。八月一日には、靖国《やすくに》神社で谷を顕彰する集会を開いた林包明《はやしかねあき》らの旧民権派三百余人が、市ヶ谷田町の谷邸まで行進した。これは日本で最初の示威運動《デモンストレーション》である。その後、運動は高まる一方で、それに押された伊藤博文《いとうひろぶみ》首相は、九月十七日、井上外相を罷免するとともに、条約改正交渉も中止した。輿論の強い反対を受けて、政府が政策を転換するというのは、六年前の一八八一年十月に、開拓使官有物払《かいたくしかんゆうぶつ》い下げを中止して以来のことである。『朝野《ちょうや》』はさっそく翌日、「内閣の変動」という号外を出した。しかし、民権期と同じように、同紙は一ヵ月の発行停止の処分を受けた。

また、十月九日・十日の両日、旧自由党員と改進党員が、呉越同舟の連合大演説会を浅草井生村楼《いぶむらろう》で開くと、聴衆が千数百人もつめかけた。その二日目、渡辺小太郎の演説が中止を命ぜられると、怒った聴衆は警官と乱闘を起こして、一三人が引致された。これまた、民権期を彷彿《ほうふつ》とさせるようなできごとである。

こうした運動の盛り上がりはそのまま、その年の後半の三大事件建白運動へとつながっていった。各地の代表や有志たちが、大臣・顕官に面会を求めて上京しはじめたのである。さらに十月後半頃からは、代表たちが連絡を取り合い、集会を開くようになった。十一月十五日の全国有志大懇親会には一道三府三五県の三四一人が、また同月二十七日の全国有志大懇親会にも二府三〇県の代表二二〇〜二三〇人が集まった。そこには、星亨《ほしとおる》・末広重恭《すえひろしげやす》・尾崎行雄《おざきゆきお》・大石正巳《おおいしまさみ》などの中央の活動家たちも加わった。

この運動では、いわゆる「壮士《そうし》」と言われる者たちが、その存在意義を示した（壮士を含む当時の活動家たちの思想と行動について、正面から取り上げた好著に、木村直恵『〈青年〉の誕生』〈新曜社、一九九八年〉がある）。さらに注目すべきものは、地方の活動家たちである。地方の旧民権派は、それまでしばらくの間、中央の政党の解党や分解の影響を受けて、活動が休止状態であった。しかし、その中核を担っていた府県会・市会・町村会議員たちは、地方政治とかかわりをもち続けていたし、彼らの周辺にはイザという時に彼らを応援する支持者たちもいた。三大事件建白運動は、そのような地方の有志者に、活動の場を与えたのである。

この時期に多数の者が一挙に上京してくることが可能になったのは、松方デフレがすでに収まって経済事情がやや回復していたという事情もあるが、道路の整備、馬車や船舶の定期便の開始、鉄道の敷設などの近代的交通手段が、急速に発達したことも忘れてはならない。政府は、上京者を含めたこの運動の参加数を二〇〇〇人以上と捉えており（『朝野』一八八八年一月十四日社説、末広重恭「中正論　第一」）、この運動の盛り上がりを危険視していた。

この運動の展開には、民権期に作られた集会条例の規制の枠を越えるものがあった。それに強い危機感を抱いた内相山県有朋《やまがたありとも》と警視総監三島通庸《みしまみちつね》は、運動を押さえ込むために、短期間で「保安条例」を作り、十二月二十五日に公布して、即日施行した。保安条例は、「法」ではなく条例なので、元老院《げんろういん》の議を経る必要がなかったのである。伊藤首相も、これには驚いたようだが、結局は承認した。

この条例によって、全国の活動家四五一人が危険人物とされ、皇居三里外への退去を命じられた。その中には、中島信行《なかじまのぶゆき》・尾崎行雄・星亨・中江《なかえ》兆民《ちょうみん》など中央の活動家も含まれていた。この保安条例の施行により、三大事件建白運動は終息を余儀なくされた。しかし、この運動は、中央のみならず、地方の旧民権派が再び活動を始める機会を得たという点では、大きな意義があった。

大同団結運動―地方活動家の中央進出

三大事件建白運動は、大同団結の機運をも作り出した。国会は一八九〇年に開設されることになっていたが、旧民権派は自由党の解散と改進党の分裂以降、その準備をあまりしていなかった。大同団結運動は、国会の開設を目前にして、政府に批判的な勢力が小異を捨てて大同に就くことをめざした運動である。

その機運はすでに一八八六年十月頃から起こっていたが、三大事件建白運動の最中の一八八七年十月頃からその動きが本格化した。しかし、八八年二月一日、大隈重信《おおくましげのぶ》が伊藤首相の工作に乗って外相として入閣してしまうと、改進党系の者の大半が抜けて、それ以降はほぼ旧自由党系の運動となる。

この運動のリーダーは後藤象二郎《ごとうしょうじろう》であった。彼は各地を遊説したり、雑誌『政論《せいろん》』を発行したりして精力的に動いた。だが、この時期の地方の動きは、予想以上に躍動的であった。地方の活動家たちは、旧民権運動や三大事件建白運動を踏まえて新しい政社を作って活動していたのである。したがって、大隈の脱落から約一年後の八九年三月に、機会主義者の後藤が、またしても黒田清隆《くろだきよたか》内閣の逓信相《ていしんしょう》として入閣してしまっても、地方の組織は、そのようなことで崩れてしまうほど弱いものではなかった。

いっぽう、その少し前の八九年二月、憲法発布に伴う大赦があり、福島事件・大阪事件などで入獄していた河野広中《こうのひろなか》・大井憲太郎《おおいけんたろう》・新井章吾《あらいしょうご》など多数の政治犯が出獄してきた。また、保安条例で首都を追放中であった者も、追放を解除された。しかし、彼らが復帰したことによって、運動の舵《かじ》をとる船頭が急に増えて、その方向をめぐりいろいろの意見が出されるようになった。そして、五月十日、運動はついに分裂して、二つのグループが結成されることになった。

その一つは大同倶楽部《だいどうくらぶ》である。これは、国会の開設に備えて、在野の諸勢力の団結をはかるためには、集会条例にのっとった合法的な政社を作って、運動を進めていった方がよいとするグループで、「政社派」と呼ばれた。河野広中がリーダー格で、末広重恭・大石正巳・大江卓《おおえたく》・植木枝盛・稲垣示《いながきしめす》・小林樟雄《こばやしくすお》・山際七司《やまぎわしちし》・村松愛蔵《むらまつあいぞう》などが中核的な活動家である。

もう一つは大同協和会である。こちらは、政社を結成する必要はなく、あくまでも諸団体のゆるやかな結合でよいとするグループで、「非政社派」と呼ばれた。常議員は大井憲太郎・新井章吾・中島又五郎・森隆介《もりりゅうすけ》・石坂昌孝《いしざかまさたか》・内藤魯一《ないとうろいち》などであり、関東の者が多かったことから、「関東派」とも言われた。

この両者の対立が続く中で、すっかり影の薄くなってしまった板垣退助は、両派の合同をはかることを名目にして、同年末、新しい組織として愛国公党を作ることを提案した。しかし、それはかえって運動を混乱させることになった。特に大同協和会はその頃、自派を中心にして自由党を再興することをめざしていたので、板垣の提案には強く反発した。そして、九〇年一月二十一日、彼らだけで自由党（再興自由党）を結成してしまうのである。一方、大同倶楽部は、もともと旧自由党系以外の者を含めた幅広い国民的大政党の結

図12　再興自由党結成式（1890年1月）

成をめざしていたので、板垣に自重を促した。

しかし、板垣グループは、単独で五月五日に愛国公党を結成する。会長は板垣で、役員は植木枝盛・堀越寛介・土居《どい》光華《こうか》・塩田《しおた》奥造《おくぞう》などである。

このように、大同団結運動は、小異を捨てて大同に就くことをめざしながらも、結果としては、旧自由党系の者を、大同倶楽部・大同協和会（「再興自由党」）・愛国公党の三派に分けるという皮肉な形になった。しかし、その経緯を見ると、必ずしも一定の原則があったわけではない。たとえば大同協和会は、当初はゆるやかな結合を旨として政社の結成に反対していたのに、半年後には、再興自由党を結成するという対極的な行動をとっている。

活動家たちが会派を形成する要因は多様であり、個人的関係の濃淡、感情的な対立や確執、さらには個々人の野心なども渦巻いており、それらが総体としてグループを形成していったのである。この三派の鼎立《ていりつ》の状況は、のちの政党内の派閥抗争の原型があるといってもよい。したがって、三派を思想的に色分けして、大同協和会（再興自由党）を左派、大同倶楽部を右派ないしは中間派、愛国公党を右派としても、その実態にせまることはできない。

大同団結運動は、以上のような様相を呈したことから、中央の旧民権派の離合集散の過程のように見える。だが、この運動の過程で、ほとんどの府県で、〇〇倶楽部とか〇〇会というような政社が作られていったことを見落としてはならない。それによって各地で旧自由党系の組織が再建されて、活動家たちは中央と連動した運動を展開していったのである。そして、この全国各地の活動家たちの動きが、東京での三派の動きに活力を与えた。

一八八九年五月十日の大同倶楽部の結成大会の参加者は、三府三六県一二七団体の二三三人など合わせて約三八〇人であった。だが、翌九〇年一月二十一日の再興自由党の結成大会には約一〇〇〇人が、さらに五月五日の愛国公党組織大会にも、五〇四人が参加している。そして、三派とも、常議員などの役員には、中央の者のみならず、地方の活動家も多数加わっていたのである。

実は、地方の活動家たちもまた、迫り来る衆議院選挙を射程に入れていた。彼らの頻繁な上京や中央の活動家との接触は、それを物語っている。

第一回衆議院議員総選挙―新しい政治家の誕生

一八九〇年七月一日、第一回総選挙の投票が行われた。早くから東京で活動をしていた者も、自分の郷里や関連のある地方から出馬した。選挙戦は、積極的な活動家のいる地方ほど盛り上がった。そこでは、旧自由党内の同士討ちや、それに改進党も加わった旧民権派間の競い合いがあり、さらに政府系や中立・無所属の者もからんで、激しい戦いが展開されたのである。

さて、選挙結果であるが、これまでの本では、当選者（議員定数三〇〇人）の党派別内訳を、大同倶楽部五五、改進党四六、愛国公党三五、保守派二二、九州同志会派二一、再興自由党一七、自治党一七、官吏一八、中立派六九、無所属二としているものも少なくない（たとえば大津淳一郎『大日本憲政史第三巻』一九二七年）。しかし、党派別当選者数については、当時の新聞各紙の報道を見ると、かなりの違いがある。実は、この選挙の当選者は、すべてが自らの所属を明言していたわけではないのである。したがって、右の大津の数字のようにその全員を明確に色分けすることはできない。

しかしその後、各派の合同がはかられて、十一月二十九日の第一議会の開催までには、立憲自由党一三〇人、立憲改進党四一人、大成会七九人、国民自由党五人、無所属四五人となる。大成会は政党ではなく、不偏不党・中立を標榜《ひようぼう》した院内会派であるが、自由・改進両党の「民党《みんとう》」からは「吏党《りとう》」と言われた。また、国民自由党は、大同派の一部と九州同志会の一部が結成したものである。

ところで、当選者はどのような者たちであったのであろうか。『東日』七月八日の「当選者一覧表」には、当選者のうち二五九人の肩書きが書かれている。いちばん多いのは府県会の議長・議員で合計九五人である。ついで、農業三八人、官吏・議官二五人、郡長・市長・郡書記二二人、代言人《だいげんにん》（弁護士の当時の呼称）二〇人、実業関係者一八人、新聞記者一五人などである。ただ、それは選挙時の主要な肩書きであり、前歴や兼務のすべてを語るものではない。たとえば、藤田茂吉《ふじたもきち》（東京四区）は会社役員、山際七司《やまぎわしちし》（新潟一区）や石坂昌孝（神奈川三区）は農業となっており、植木枝盛（高知三区）や小林樟雄（岡山一区）などは空欄である。したがって、この一覧表は、必ずしも正確ではない。ただ、議員たちのおおよその傾向を知るためには、興味深い資料である。

まず、圧倒的に多いのは、府県会議員である。升味準之輔『日本政党史論　第二巻』（東京大学出版会、一九六六年）は、衆議院事務局『衆議院議員略歴』（一九四〇年）によりながら、府県会議員経歴者を一九二人、市会経歴者を一五人としている。この両者は合わせて二〇七人であり、全体の六九％である。彼らは、すでに府県会・市会などで、議案を審議した経験のある者であった。中には、河野広中（福島三区）や田中正造（栃木三区）のように、県・県令《けんれい》に対して激しく対抗した者もいる。また、郡長・郡書記・市長などの役職者も多い。このように、当選者の多くは、すでに地方の政治と何らかの関係をもっていた者たちであった。

民党議員について見れば、民権期には地域の自由・改進党の中心人物として、結社を組織したり、演説会を開いたりしていた者が多い。そして、三大事件建白運動や大同団結運動を通じて、地方の組織を再建し、それを代表する地位に就いていた。こうした経過の上に、衆議院選挙の候補者となり、当選したのである。

また、当時の府議・県議などは、本来は地域の名望家であり、農業や商工業を営んでいることも多かった。したがって、『東日』の一覧表で農業や実業関係者とされている者でも、県議を兼ねたり、その前歴のある者も少なくない。

さらに、『東日』の一覧表では、二〇人が代言人、一五人が新聞記者となっているのも注目される。彼らは、弁舌や文章によって生計を営むものであった。ただ、そこに新聞記者とある者は、尾崎行雄・犬養毅《いぬかいつよし》・末広重恭《すえひろしげやす》・中江篤介《なかえとくすけ》など大都市の新聞関係者がほとんどである。彼らは、自分の郷里や関係の深い地方から立候補したが、そのほとんどは東京で活躍していた者である。

しかし、当時の地域のリーダーや県議の中には、田中正造や堀越寛介《ほりこしかんすけ》（埼玉四区）をはじめ、地方紙の発刊に努めていた者も少なくない。彼らは地域の発展をめざして、内外の出来事や新しい知識を人びとに知らせるためには新聞の発行が必要であると感じていたのである。

以上のように、第一回総選挙の当選者は、地方議会経験者、代言人、新聞記者がかなりの多数を占めた。このことは大きな意味をもっている。

第一議会から日清戦争開始頃までの初期議会は、「地主議会」と呼ばれることがある。選挙権資格者は、直接国税一五円以上を納める二十五歳以上の男子であったので、確かに地主が多かった。しかし、そのことだけから議会を性格づけるのは、あまりにも乱暴な経済決定論である。民党は、議会で「民力休養」「政費削減」を掲げて予算案の削減を求め

図13　衆議員肖像（一雄斎国輝筆，東京都立中央図書館東京誌料文庫所蔵）

たが、それは地主の利益を実現しようとしたためではない。旧民権派は、以前から地租軽減を要求に掲げており、民党はその方針を受け継いだのである。政党が利益誘導策をとるようになるのは、一九〇〇年に選挙権資格者が直接国税一〇円以上納入者と引き下げられて、有権者が約二・三倍増えてから以降のことである。議会開設の当初は、地主といえども自らの利権からだけで代議士を選んだのではない。また議員たちも、有権者の代弁者ではなく、自らの判断で行動したのである。そうであればこそ、第一議会で政府の予算案に反対していた自由党のうちで、旧愛国公党系の議員二六人が、政府の買収による切り崩しで、政府の出した修正案に賛成して、それを成立させたようなこと（「土佐派の裏切り」）が起こるのである。

　さらに言えば、三〇〇人の議員のうち士族は一〇九人であり、実に三六%強に達する。当時の人口に占める士族の割合は約四・九%であるから、異常に高い比率である。議員たちは、有権者のカーボン・コピーでもなかったのである。

そのようなことよりも大切なことは、かなりの議員たちが、以前から言葉をあやつる活動の世界で生きてきた者であったということである。そのことをきちんと捉えておかないと、初期議会における彼らの闘いを正しく位置づけることができなくなるのである。

さて、衆議院議員は、議院法第十九条により年額八〇〇円と旅費が支給されることになった。年額は国庫からの歳出であり、「歳費」と呼ばれた。同じ議員であっても、府県会や市町村会議員は名誉職的性格が強く、彼らの活動費用は自己負担であった。そのために府県会議員などは、当初、辞職者が多く出て、しばしば補欠選挙がくり返された。地方議員として残ったのは、自分の財産を使いながらも、自分の政治的な意思を貫こうとする熱意の強い者であり、そうでない者は、議員をやめて自らの経営に専念していったとも言える。

地方議員の中には、名望家《めいぼうか》として地域の発展に尽力したり、民権活動に力を注いだりしたために、家産を傾けて「井戸塀《いどべい》」となった者もあった。そのような彼らが、今度は衆議院議員として歳費が保障されることになったのである。もっとも、その恩恵を受けたという点では、民権期から新聞と演説会を主たる場として、筆と弁舌で生きてきた活動者たちの方がずっと大きかったであろう。いずれにしても、このように財産と身命を賭して政治活動に打ち込んできた者たちが、今や国家から歳費を受ける政治家となったのである。

それまでは、政治家と言えば、官僚だけであった。しかし、これからは民間の者でも、選挙で当選すれば、国策の決定に参加する機会をもつ政治家となったのである。官僚以外でも政治家となる道ができたことは、新しい政治家の誕生を意味しており、たとえ当時の選挙が制限選挙であったとしても、憲政史上は画期的な意義がある。

このようにして、民間から政治家が誕生したことによって、「民権家」という存在は、その使命を終えた。同時にこの語も消えていくことになる。

明治憲法

一八九〇年十一月二十五日、第一議会の召集に合わせて、大日本帝国憲法（明治憲法）が施行された。順序が逆になったが、憲法についても見ておこう。明治憲法は、前述したように、民権派がめざしていたような国民の合意に基づく民約憲法（あるいは国約憲法）ではなく、君主（天皇）が一方的に制定した欽定《きんてい》憲法である。以下、この憲法の主要な特徴を挙げておこう。

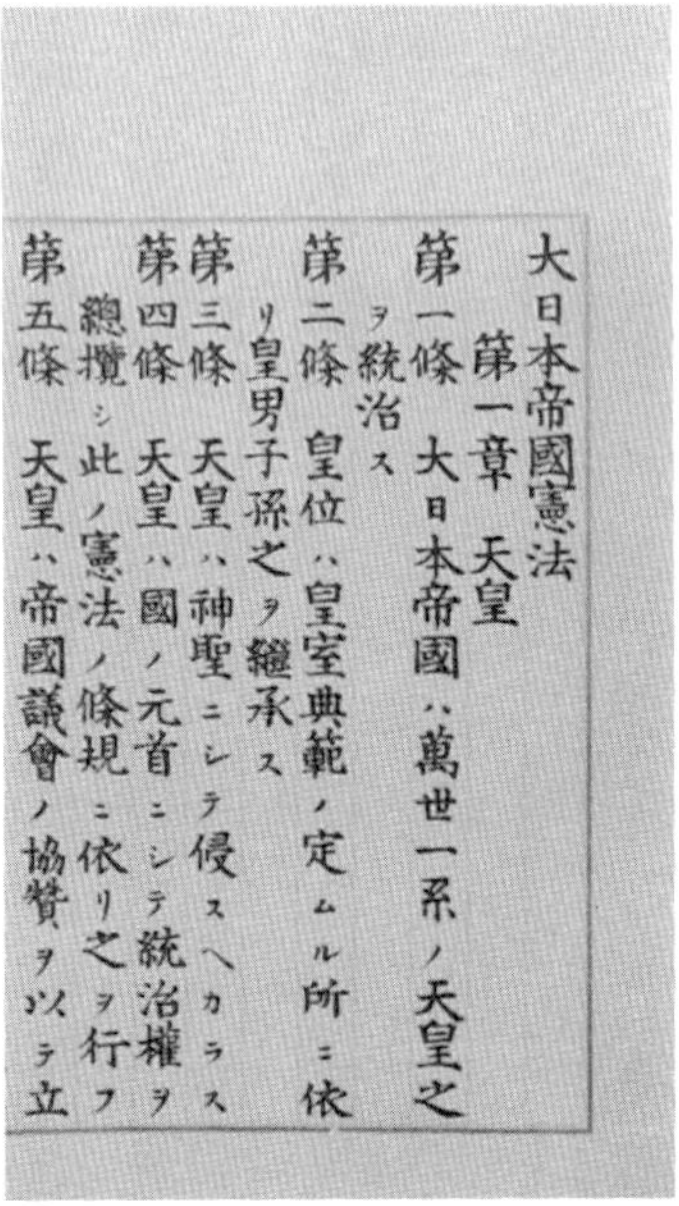
大日本帝國憲法
第一章 天皇
第一條 大日本帝國ハ萬世一系ノ天皇之ヲ統治ス
第二條 皇位ハ皇室典範ノ定ムル所ニ依リ皇男子孫之ヲ繼承ス
第三條 天皇ハ神聖ニシテ侵スヘカラス
第四條 天皇ハ國ノ元首ニシテ統治權ヲ總攬シ此ノ憲法ノ條規ニ依リ之ヲ行フ
第五條 天皇ハ帝國議會ノ協贊ヲ以テ立

図14　明治憲法（国立公文書館所蔵）

①日本は「万世一系《ばんせいいっけい》」の天皇の統治する国（第一条）であると規定し、天皇は「神聖ニシテ侵スヘカラ」ざる存在であり（第三条）、日本の元首として統治権を総攬《そうらん》するとした（第四条）。

②天皇は帝国議会の協賛によって立法権を執行し（第五条）、法律（の成立）は帝国議会の協賛を経るとした（第三十七条）。議会の権限としては、意見を政府に建議すること（第四十条）と天皇に上奏すること（第四十九条）の二つだけが挙げられている。また、議会については独立の章がなく、その運営方法、各院議員の選挙方法については、憲法と同時に出された付属法（「議院法」「衆議院議員選挙法」「貴族院令」「皇室典範《こうしつてんぱん》」「会計法」）で規定された。

③行政についても独立の章はなく、「国務各大臣ハ天皇ヲ輔弼《ほひつ》シ其ノ責ニ任ス」（第五十五条）とあるだけで、内閣についての規定はない。また、重要な国務は、天皇の諮詢《しじゅん》

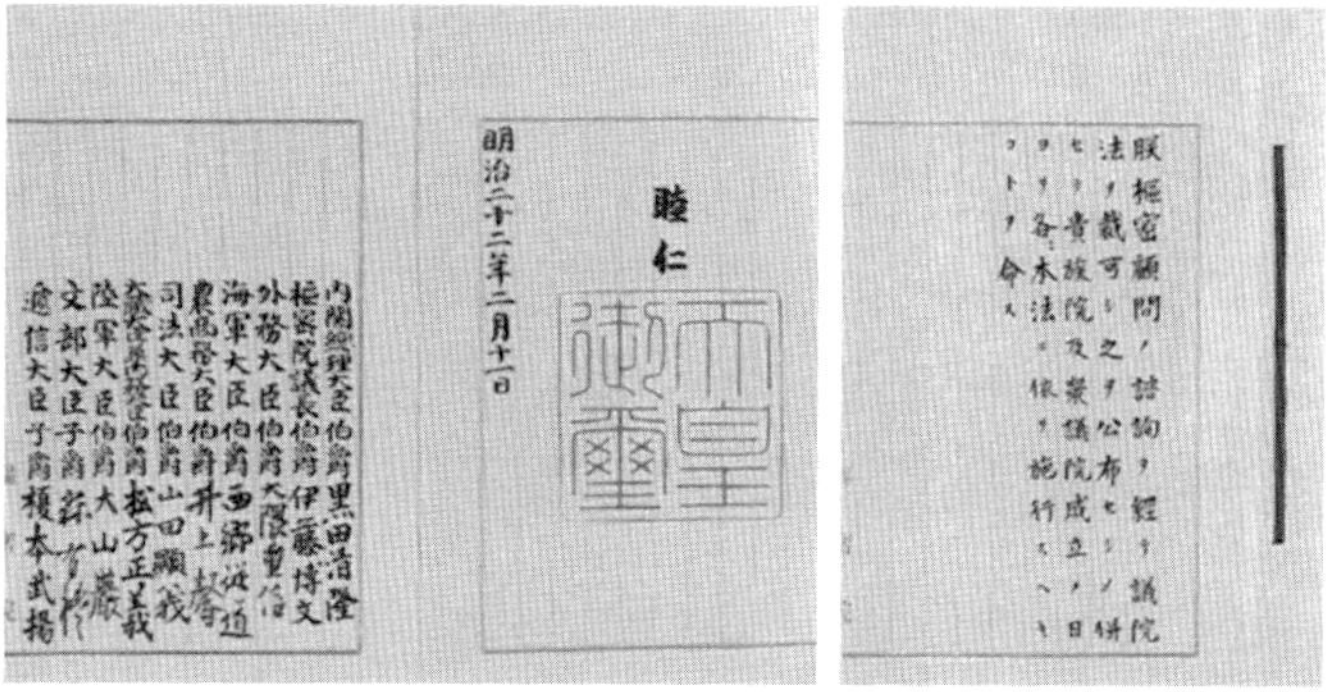
朕枢密顧問ノ諮詢ヲ経テ議院法ヲ裁可シ之ヲ公布セシメ併セテ貴族院及衆議院成立ノ日ヨリ各々本法ニ依リ施行スヘキコトヲ命ス

睦仁

天皇御璽

明治二十二年二月十一日

内閣総理大臣伯爵黒田清隆
枢密院議長伯爵伊藤博文
外務大臣伯爵大隈重信
海軍大臣伯爵西郷従道
農商務大臣伯爵井上馨
司法大臣伯爵山田顕義
大蔵大臣兼内務大臣伯爵松方正義
陸軍大臣伯爵大山巌
文部大臣子爵森有礼
逓信大臣子爵榎本武揚

図15　衆議院議員選挙法（1889年2月11日，国立公文書館所蔵）

に応えて、枢密《すうみつ》顧問が審議するとしている（第五十六条）。

④国民の権利については、第二章の「臣民権利義務」に規定されているが、天皇の「臣民」であることを前提としているために、その権利は「法律ノ範囲内」とか「法律ノ定メタル場合ヲ除ク外」とか、限定的なものである。

民権派の私擬《しぎ》憲法の多くは、国家形態については君民共治をとっていた。だが明治憲法は、天皇を日本の唯一の主権者としており、この点でまず大きな違いがある。また、民権運動が国会開設の要求運動として始められたように、民権派にとって、国会の内容こそは最大の関心事であったが、憲法における議会の位置づけは、立法権をもつ天皇を「協賛」する存在でしかなかった。さらに、多くの民権派草案が重視した国民の権利についても、主権者である天皇の臣民としての権利であり、天賦人権論に基づくものではなかった。

以上のように、明治憲法は、民権派のめざしていたものとは大きく異なっていた。民権派の要求が実現しなかったという意味を重視すれば、この憲法は民権派の敗北を確定したものと見ることもできるであろう。実際、戦後の研究では、この憲法の制定をもって天皇制絶対主義体制の確立と位置づけることが多かった。

ところで、実際に民権運動を闘った者たちは、この憲法をどのように見たのであろうか。右のような観点に立てば、旧民権派は深い敗北感を抱いたであろうという予想が成り立つ。だが、当時のいろいろな文献を探しても、憲法を正面から批判した文章はあまり見当たらない。わずかに、大同団結派の機関誌とも言える『政論』第一二号（三月四日）に、やや批判的な論調があるのと、中江兆民の『東雲新聞《しののめ》』三月八日が、憲法を「不具」として、その改正を婉曲的に訴えているぐらいである。当時は、新聞紙条例や出版条例などの規制があり、本心を書けなかったということもあるかもしれない。だが、新聞の紙面には、憲法の発布を祝福し、それを評価する記事が多い。特に、日本も憲法をもったことにより、西欧と同じような立憲国となり、屈辱的な不平等条約の軛《くびき》から脱する手がかりができたとする主張も目立つ。

では、植木枝盛はどうであったのだろうか。植木の憲法草案から推測すれば、彼は明治憲法を全否定したに違いないと思われる。だが、実際にはそうではなかった。彼は「欽定憲法の発布」（『土陽新聞』二月十七日、無署名）で、憲法には上院議員の選任、下院議員の選挙、皇位の継承などの条文がないことに、多少の不満を示しながらも、全体としては、日本でもついに憲法ができたのだとして、率直な喜びを示している。そして、「噫《ああ》憲法よ、汝已《すで》に生れたり、吾之を祝す。已に汝の生まれたるを祝すれば随《したが》つて又汝の成長するを祈らざるべからず、汝　尚《こいねがわ》くは健食せよ」と結んでいる。植木は、憲法に不完全で未熟なところがあったとしても、欧米のように、将来に修正すればよいのであり、現在はとにかく祝福しようと書いているのである。つまり、かなり肯定的な評価である。

次に、諸事件で投獄されていた旧自由党急進派や、保安条例で東京から追放されていた活動家たちはどうだったのであろうか。彼らこそは、憲法に強い批判をもったのではないかと考えられる。だが実は、彼らは憲法発布の大赦《たいしゃ》によって、刑期を残して釈放されたり、東京への帰還を許されたりした者である。その彼らから、憲法への批判を聞くのは難しい。わずかに、再興自由党の党議案（一八九〇年一月）の第一に「国会ニ於テ上請《じょうしょう》シテ憲法ヲ点閲《てんえつ》スル事」とあるのが目につく。しかし、それも成案になった時には消えてしまうのである。

民権派の明治憲法の評価の例としてよく引かれるのは、中江兆民が語ったという「通読一遍唯《た》だ苦笑する耳《のみ》」（幸徳秋水「兆民先生」）という言葉である。兆民は、この憲法を論評するに値しないと吐き捨てたというのである。しかし、全体から見れば、兆民の発言はきわめてまれな例である。しかも、それは兆民自らの文章ではなく、弟子であった幸徳秋水《こうとくしゅう》水《すい》の回想である。当時の活動の第一線にあった者からすれば、むしろ植木のような感想が率直なものであった。彼らには、憲法を「不磨《ふま》の大典」とする意識はまだなく、たとえ不十分な部分があっても、自分たちの力でより良いものに作り変えていこうと思ったのである。そこには、彼らの将来への気概すら感じられる。

一八八九年二月十一日、憲法発布の大典が行われた当日の首都東京は、午前中まで雪が降っていた。しかし、諸新聞の報じるところでは、街は世紀の祭典を祝う人びとであふれていた。神田《かんだ》と山王《さんのう》の二つの祭を合わせ、盆と暮を一緒にしたようなありさまで、盛り場はどこでも品物が飛ぶように売れたという。ご祝儀相場となった株価も、前より天井知らずに上昇を示していた。こうした状況の中であれば、憲法への正面からの批判が見られないのも当然であろう。お雇い外国人ベルツの日記の「東京全市は、十一日の憲法発布をひかえてその準備のため、言語に絶した騒ぎを演じている。（中略）だが、滑稽《こっけい》なことには、だれも憲法の内容を御存じないのだ」（菅沼竜太郎訳、岩波文庫）という冷ややかな視線を込めた文章がよく引用される。だが、そこには、後進国日本への蔑視があるだけである。憲法発布に至るまでの民権家たちの闘いや、彼らの未来にかける気概と触れ合う部分はない。

議会の権限をめぐる攻防―憲法第六十七条問題

第一回議会は、一八九〇年十一月二十五日に召集された。初期議会を特徴づけるものは、政府と民党（自由党・改進党など）との激しい対決である。

先に見たように、憲法においては、天皇は帝国議会の「協賛」によって立法権を執行し、法律の成立には帝国議会の「協賛」を経ることを要すとされた。つまり、「協賛」ということが強調されている。協賛とは、本来、〃その趣旨に賛成し、実現のために協力する〃という意味である。したがって、字義だけから見れば、議会は天皇が法案を決定する際に協力するだけの機関ということになる。実際に、議会開設直後の山県有朋・松方正義の両内閣は、予算案の審議で、民党から激しい反対を受けると、政府は議会の動向からは左右されない「超然」とした存在であるという方針をとった。それはまさに右の立場であるが、その後も、政府はそのような態度をとることが少なくなかった。

しかし、「協賛」には、それと異なった解釈も最初からあった。実は、憲法作成の最高責任者とも言うべき伊藤博文は、『憲法義解』（一八八九年六月）の第五条の説明で、立法権は天皇の大権に属するとしながらも、法案は「両院の同意を経るの後之を裁可して始めて法律を成す」と述べている。つまり、伊藤は、協賛とは「両院の同意」であるとしていたのである。この立場からすれば、憲法第三十七条の「凡《すべ》テ法律ハ帝国議会ノ協賛ヲ経ルヲ要ス」とあるのも、法律の成立には貴族院・衆議院の同意を得なければならないということになる。また、総選挙で当選した議員たちもほとんどは、議会を西欧のように〝国策を審議して、議決するところ〟と位置づけていた。

山県内閣と議員（特に民党議員）との間には、議会の役割づけをめぐって、このような違いがあった。つまり、議員たちは衆議院の権限をできるだけ大きなものにして、立法府の本来の姿に近づけようとしたのに対して、政府は超然主義をとって、それに対抗したのである。言うまでもなく、両者とも国会は初体験であったが、一度決まったことはその後の慣行となる可能性があったので、双方とも容易には譲ることのない激しいバトルを展開することになる。

その「協賛」をめぐる対決は、早くも第一議会の冒頭から、次年度の予算案の審議でくり広げられる。憲法では、予算についても、法案の場合と同じく、議会の協賛を経るものとされていたからである（第六十四条）。そして、民党は、支出総額約八〇六四万円という政府予算案の中から、官庁人員とその俸給の削減など、約八八八万円の政費削減を求めたのである。

しかし政府は、憲法第六十七条に、〝天皇大権に基づく支出は、政府の同意なくして、議会が廃止したり削減したりすることはできない〟とあることを理由に、それを拒んだ。つまり、民党が削減を求めている費目はそれに当たるというのである。だが民党側は、それに反論して、たとえその費目であっても、それを確定する以前に議会の同意を求めるべきだと主張した。

予算案での憲法第六十七条をめぐる政府と民党との攻防は、その後も毎年のようにくり返されていくことになる。つまり、政府はその条文を楯にして、民党の要求をかたくなに拒み、民党側はやはり議会の同意が必要であるとして、修正案を何度でも提案し続けるのである。それは議会の権限をめぐるものだけに、両者は容易に妥協することはなく、初期議会における最大の問題となる。

第一議会では、最終的には、政府が自由党内の旧愛国公党系の議員を切りくずして（「土佐派の裏切り」）、何とか修正案を衆議院で可決した。だが、その削減額は約六三一万円であり、民党の主張にかなり近いものであった。議会の閉会後に、山県首相は辞任し、後継首相には松方正義が就任した。

翌年の第二議会においても、民党側は再び軍艦建造費・製鋼所設立費などの大幅な削減を要求して松方内閣に迫り、一八九一年十二月二十五日、予算案から八九三万円（予算案全体の一〇・七％）を削減することを可決してしまった。松方首相は、有無を言わせず、その日のうちに衆議院を解散した。

その後に行われた第二回総選挙では、品川弥二郎《しながわやじろう》内相が陣頭指揮をとって大規模な選挙干渉が行われた。それは、日本の国政選挙史上、最も悪名高い選挙干渉である。品川は、府県知事・郡長・市町村長をはじめ、警察官や町村吏員をも動員して民党候補の運動を圧迫したのである。その結果、九二年二月十五日投票日までに、全国で死者二五人、負傷者三八八人を出すことになった。

それでも、民党側の当選者は、自由党九四人、改進党三八人、独立倶楽部三一人で、合計一六三人となり、吏党側を圧倒した。そして、再開後の第三議会（特別）で、民党は追加予算案に強く反対し、軍艦製造費・製鋼所設立費の削除を可決した。閉会後の七月三十日、またしても松方首相が辞任し、八月八日、硬軟両派の元勲《げんくん》を集めた第二次伊藤内閣が成立した。いわゆる「元勲内閣」である。

だが民党側は、十一月からの第四議会でも、次年度予算案の中の政費や軍艦製造費の削減を求めた。そして、政府案の歳出八三七五万円に対して、予算委員会では八八四万円の削減を決定し、九三年一月十二日の本会議でも八七一万円削減の修正案を議決した。政府は今度も憲法六十七条を楯にして認めなかったので、衆議院では以後、修正案の提出が繰り返された。そして、ついに一月二十三日、内閣弾劾《だんがい》上奏文が提出されて、予算委員長の河野広中が提案理由を説明しようとした時、以後一五日間議会を停会するという詔勅《しょうちょく》が出された。それでも、議会再開後の二月七日、弾劾上奏文は一八一対一〇三の大差で可決された。

このようにして、民党側の攻勢の前に内閣が行きづまった二月十日、再び詔勅が出された。それは、衆議院で可決しながら、政府が拒否している軍艦建造費の削減分については、以後六年間、内廷費（皇室費）からの支出三〇万円と文武官僚の俸給一割分を充てることにするので、今後は政府と議会とが互いに「権域」を慎み、「和協ノ道」によって「朕《ちん》カ大事ヲ輔翼《ほよく》」せよというものである。いわゆる「和協の詔勅」である（「和協」というのは、「和衷協同」の略語で、それ以前から議会において民党の議員たちが使っていた言葉である）。この詔勅によって、第一議会以来続いていた憲法六十七条をめぐる議会と政府との間の長い闘いは、ついに停戦を迎えることになった（この詔勅に関しては、赤上剛「「和協の詔勅」と田中正造」〈『田中正造と足尾鉱毒事件研究』15、二〇〇九年〉が最も正鵠を射た論考である）。

このような詔勅による決着は、議会の権限の弱さを示すものであり、「外見的」立憲制の本質の現れであると見ることができるかもしれない。確かに、詔勅は大岡裁きにおける「三方一両損」のようなものである。だが、重要なことは、その詔勅の出された後に行われた衆議院議員九人の特別委員と政府との間で交わされた三つの合意である。というのは、その一つに、〃憲法六十七条にかかわる既定の歳出であっても、「緩急」によっては増減を認める〃ということが入っていたからである。それは、実質的には、予算案については、議会が審議権を得たということである。そして、実際、それ以後の議会では、政府が六十七条を楯にして、予算案に関する民党の要求に応じないことはなくなるのである。

それは、民党が激しい闘いを通じて、超然主義をとってきた政府から、予算審議権を獲得したということであり、明らかに民党の勝利であった。こうして、第一議会以来、衆議院での対決の焦点であった憲法六十七条問題は、決着がついた。予算案は、その後も毎年、通常議会の重要な議題となり、激しい論戦が展開されていくが、それを審議することの是非をめぐって問題となることはなくなるのである。

旧民権派の私擬憲法をふりかえってみても、完全な国民主権を主張した草案はなかったし、君民共治を採る場合には、国会の議決に対して皇帝が一定の拒否権をもつとするのがふつうであった。このことから言えば、「和協の詔勅」は、旧民権派の草案の枠内のことであった。それどころか、議会が予算審議権を獲得したことは、旧民権派の要求を超えていたとすら言える。

初期議会での民党の激しい攻勢の結果、それ以後は、政府も一方的に超然主義をとるのではなく、政党との提携をめざして柔軟に対応することが多くなるのである。

初期議会の評価

明治憲法に書かれた「協賛」という言葉の本来の意味にこだわれば、議会は権限の弱い存在であり、まさに民権運動の敗北を確定づけた象徴的なものとなる。さらに、衆議院議員の選挙権者が約四五万人（総人口の一・一四％）にすぎないというところに視点を置けば、「協賛」という言葉は、藩閥官僚政府の決定した

衆議院議員発議		合　計	
提出	成立	提出	成立
41	2	53	6
52	0	70	2
42	2	52	8
72	5	101	18
207	9	276	34

ことを、ごく一部の有産者の代表が下から支えるという意味が強くなるだろう。そこに「土佐派の裏切り」と、中江兆民が国会を「無《む》血《けつ》虫《ちゅう》の陳列場」と見なして議員を辞職したというエピソードが加われば、議会の評価はいっそう下がる。

しかしながら、国会が開設されたことの歴史的な意義は、正しく評価されねばならない。以下、そのことを改めて整理しておこう。

まず、議会が開設されて以降、法律は議会で可決されてはじめて成立するということが、制度的に確立したことである。予算案の審議権では憲法第六十七条をめぐり、激しい攻防がくり返されたのに比べて、一般の法案の審議権については、特に大きな問題となることはなかった。予算案の審議に多くの時間を取られすぎたこともあったが、前出の憲法第三十七条の「議会ノ協賛」という字句が、伊藤博文のいう「両院の同意」であることには、政府からも強い異論が出なかった。したがってまず、「法案の決定は両院の議を経る」という慣行が成立したのである。

その意義がいかに大きいかは、従来までと比べると明ら

表2　初期議会における提出議案数と成立議案数

( )内は会期．初日は招集日ではない	政府提出		貴族院議員発議	
	提出	成立	提出	成立
第一議会(90.11.25～91.03.01)通常	10	4	2	0
第二議会(91.11.21～92.05.25)通常	16	2	2	0
第三議会(92.05.21～92.06.15)特別	9	5	1	1
第四議会(93.11.21～94.03.01)通常	21	12	8	1
合　計	56	23	13	2

衆議院・参議院『議会制度七十年史年表』(1962年) による．

かである。議会の開設以前、法律の成立に関しては、内閣制度の出来た翌年に出された「公文式《こうぶんしき》」(一八八六年二月二十六日勅令第一号) に拠っていた。それは、①元老院の審議を経たもの、あるいは②内閣が起草するか各省大臣が作成して内閣に提出したものを、総理大臣が上奏し、裁可を経て成立するというものであった。

①の元老院 (一八七五年四月設置) は、形式上は行政とは別個の議事機関であるが、その議員は民意を代表するものではない。②は政府が作った法案である。それらが天皇の裁可を経れば「法」になっていたのである。しかし、議会の開設後は、法律の成立には、両院の同意が必要になったのである。

ただし、一方の議院で否決した法案は、同じ会期中に再提案することができないことになっていた (憲法第三十九条)。そのために、初期議会では法案の成立は非常に少ない。表2にあるように、第一議会から第四議会までに提出された二七六件のうち、成立したのはわずかに三四件（一二・三％）に過ぎない。予算案の審議に多くの時間をとられて、本会議にかけられずに審議未了に終わった案件も多いためでもあるが、政府案は民党の強い衆議院では反対が多かったし、衆議院議員の提出した議案は、貴族院の賛成がなかなか得られなかったこともあろう。しかし、法律の成立に際しては、議会の同意を経る必要があるという慣例ができあがったことは評価すべきことである。

そして、前述のように、「和協の詔勅」の後は、一般の法案のみならず、予算案についても議会にかけることが必要になった。つまり、法案と予算案の両方とも、議会の可決が必要になったのである。かくして議会は、憲法上では天皇の協賛機関であるが、実質的に立法府に近いものとなった。国会の開設される以前において、この二つとも政府の内部だけで決定されていたことと比較すれば、議会がそれらの権限を獲得したことは、やはり天と地との違いがある。

現行の日本国憲法において、国会は「国権の最高機関」とされ、その主要な権限としては、①法律の制定権（第五十九条）、②予算の議決権（第六十条）、③条約の承認権（第六十一条）、④総理大臣の指名権（第六十七条）、⑤憲法改正の発議権（第九十六条）などが規定されている。国民主権の下では、国会がこのような権限をもつことによって、国民の参政権を保障しているのである。

いっぽう、明治憲法では、これらのすべてが統治権を総攬する天皇大権の中のものであった。しかし①、②については、第四議会までの民党の闘いにより、議会がそれに近い権限を勝ちとったのである。そして、③についても、次の第五議会では、政府の進める条約改正に対して、民党の多数が反対して、現行条約励行案を提出し、それが衆議院解散の原因になる。つまり、条約についても、議会が政府を揺さぶる問題となっていくのである。これらの点からも、初期議会における民党の闘いは、正しく評価されるべきである。

雄弁の力

初期議会における民党の闘いを勝利に導いた要因は何であったのだろうか。それには種々のことが挙げられるが、衆議院の予算委員会と本会議での議論で決定的な大きな力となったのは、やはり雄弁の力であると指摘しておきたい。憲法第六十七条を楯にして超然主義をとり続けた内閣を厳しく追及し、衆議院の議論を誘導していったのは、やはり民党議員の説得力のある言動であった。それが議会を動かし、中立や無所属の議員のみならず、時には吏党の大成会の議員をも引き付け、衆議院の存在を高めることになったのである。まさに「雄弁が事実を生む」のである。これが言論の力というものである。

初期議会の議員には、弁舌でならした者も多く、すでに各地の演説会や府県会、裁判所などで活躍した経験をもっていたことは前述の通りである。幸いに議会での演説は『帝国議会衆議院議事速記録』『帝国議会衆議院委員会議録』に収録されている。そこからは、議員たちが自説を展開していく様子や、政府を批判し追及していくありさまを知ることができる。そして、その雄弁ぶりは、読み応えがある。

たとえば、第二議会での予算案削減をめぐる政府と民党議員とのやり取りはまさにそれである。一八九一年十二月二十二日に、軍艦製造費など五百万円の削減を求める民党に向かって、樺山資紀《かばやますけのり》海相が〝議員たちは、薩長政府とか何とか言って政府を攻撃するが、現在の日本の安寧《あんねい》と四千万の国民の安全を保ってきたのは、いったい誰の功績だ〟と居丈高《いたけだか》に叫んで、藩閥政府の功績を自画自賛した。それが議員たちの激しい怒号を呼んで、結局、海相は降壇することになる。その後も杉田定一（自由党）が、海軍省の軍拡計画の「不整理不整頓」を具体的に挙げて厳しく追及した。それに続いた島田三郎（改進党）も、海軍大臣の演説は「議会ノ面目ニ関スルコト」なので否決すべきであるとして、「議会ノ当然ノ職分」を主張し、さらに海軍費用がここ十年間に増えてきたことに強い不信感を述べて軍拡に反対し、議場の大きな拍手と賛同を浴びた。島田は民権期から雄弁家として知られていたが、初期議会においても政府攻撃の雄であった。結局、この日の本会議は、所定の時間を大きくオーバーし、最後に中島信行議長が、「本日ノ議会ハ随分開会以来ノ一大波瀾ヲ生ジタ」ものであったと述べて終了した。

また、第四議会で民党が政府弾劾上奏文を提出した際のいくつかの演説にも、演説史に残るものがある。中でも九三年一月十六日の衆議院本会議は、日本の議会史上、注目すべき日である。渡辺国武《わたなべくにたけ》蔵相が憲法第六十七条を楯に、予算削減を拒否したのに対し、尾崎行雄は、〝天皇大権による既定の歳出は、一銭一厘でも削減すれば、政府は法律上の責任をはたせなくなってしまうのか〟と追及した。その尾崎の迫力につられて、蔵相が「その通りである」と答えてしまったので、民党の攻撃に油をそそぐことになったのである。これは尾崎の舌戦の巧みさを示すもので、「一銭一厘問答」として知られている。

この第四議会では、議長就任をもくろんだ星亨の奸計《かんけい》により、第一議会以来議長を務めていた河野広中は、予算委員長にはじき出された形となったが、そのためにかえって本会議で演説する機会を何度かもつことになった。特にこの一月十六日の演説は、冷静な河野にしては、めずらしく鬼気迫るものがあった。つまり、日本の官吏数が英仏より多いことや、首相の年俸が高すぎることなどを挙げて国費の濫用《らんよう》を追及し、さらに藩閥の弊害や中央集権の実態などを暴いて、行政組織の改革の必要性を説き、民党の予算修正案を承認するように求めたのである。この日はさらに、尾崎行雄のみならず、井上角五郎（自由党）、河島醇《かわしまじゅん》（同盟倶楽部）、島田三郎らも次々と立って、予算修正案に賛成の演説をして、ついに修正案を可決したのである。

しかし、翌十七日、政府が修正案を認めないとしたことから、衆議院は河野の提案による五日間の休会の緊急動議を可決する。そして河野は、その動議の説明の際に、修正案を認めないのならば、内閣総辞職をするか、衆議院解散をするかのどちらかにせよと、激しく二者択一を迫った。この河野の演説は、吏党や無所属の議員の一部をも巻き込み、この動議は一七六対八〇という大差で可決された。そして、五日間の休会後も、内閣が再開後も修正に応じなかったので、ついに内閣弾劾上奏文が提出されるのである。

このように初期議会で民党は、政府と激しい論戦を繰り広げたが、そこで議会をリードしたのは、やはり雄弁の力であった。それは、一八六〇年に幕府遣米使節団の副使村垣範正《むらがきのりまさ》が、アメリカ議会での議員たちのやりとりを、日本橋の魚市の雑踏のようだと評してから、三三年後のことであった。

大正デモクラシーとその後

民権運動の後継者としての大正デモクラシー

旧来より、民権運動は日本の民主主義の系譜においては、大正デモクラシーにつながっていくと言われてきた。しかし、大正デモクラシーが民権運動の何をどのように引き継いだのかということは、必ずしも明らかではない。以下、本書の結びとして、そのことを見てみよう。新聞・雑誌や演説を通してみると、明確に浮かび上がってくるものがあるからである。

さて、第五議会以降も、政府と民党との攻防は続いた。しかし、政府は次第に対決よりも妥協をめざすようになり、民党の側でも、相互の結束よりも、各党が政府との関係を重視するようになる。そして、日清戦争《にっしんせんそう》期の戦時議会では、一億円の臨時軍事費追加予算案を満場一致で可決する。戦後は、板垣退助が内務大臣として入閣したり、大隈重信が再び外相になるなど、政府と政党との提携が進んだ。そして一八九八年六月、自由党と進歩党（改進党の後身）が合同してできた憲政党による「隈板《わいはん》内閣」（大隈首相兼外相、板垣内相）が成立する。

長期的に見れば、近代日本の内閣交代のパターンは、①官僚（長州）⇅官僚（薩摩）、②官僚⇅政党、③政党（政友会）⇅政党（民政党）という形で進んでいく。しかし、それはあくまでも結果であって、その過程には紆余曲折があり、先に挙げた現行の日本国憲法における国会の権限の四番目「総理大臣の指名権」を得ること、つまり政党政治の実現への道のりは、けっして容易ではなかった。それを阻もうとする勢力が、依然として強大な力をもち続けていたからである。

その中心は、官僚である。官僚にとっては、議会の開設により政党政治家が生まれたことが、すでに自分たちの権限の縮小であった。したがって、その上に、政党内閣ができることは、何としても阻まねばならないことであった。

ただ、明治憲法の中には、たとえ国会ができても、それによって国家の根幹がおびやかされないような予防的な組織・機関が置かれていた。具体的には、①陸海軍、②貴族院、

③枢密院《すうみついん》の三つである。官僚は、それらの勢力と手を結んで、政党中心の内閣の実現を阻止し、官僚による権力体制を維持しようとしたのである。

①の陸海軍は、天皇の統帥権《とうすいけん》（第十一条）と編成権（第十二条）の下に属し、内閣の権限の及ばないものであった。そのことから、一九一二年十二月、第二次西園寺公望《さいおんじきんもち》内閣の陸相上原勇作《うえはらゆうさく》が、内閣が陸軍の二個師団増設を認めないことを理由に辞任して、後任大臣を出さずに、内閣を倒壊させるようなことが起こった。

②の貴族院は、皇族議員・華族議員・勅撰議員・多額納税者議員で構成されたものであり、民意の反映された機関ではない。貴族院は、時には議会の存在を示すために、内閣に異議を唱えることもあった。しかし、衆議院で可決したことを否決するなど、立憲政治の発展のためには、マイナスのチェック機関の役割を果たすことが少なくなかった。普通選挙制度の成立が遅れたのも、衆議院で可決した法案を、貴族院が何度も否決したためである。

③の枢密院は、もともとは憲法と皇室典範《こうしつてんぱん》の草案を審議するために、一八八八年四月に設置されたものである。だが、憲法の中にも天皇の諮詢《しじゅん》機関として存続することとなり（第五十六条）、天皇大権《たいけん》が守られているかどうかを監視するための機関となった。

以上のように、官僚と右の①②③とは、さまざまな手段を使って政党政治の実現を阻もうとした。ただし、政党の側にも、それらに近づき、官僚内閣の与党になろうとするグループがたえず存在したので、足並みが乱れた。

一九一〇年代に入り、憲政擁護運動やシーメンス事件などが続くと、議会で多数を占めた政党が政権を担当するのが憲政のあるべき姿であるという考え方が広まった。大正デモクラシーは、そうした状況の上に展開する。その闘いの理論的旗手とも言える吉野作造《よしのさくぞう》（一八七八〜一九三三）は、西欧のデモクラシーの訳語として、あえて「民主主義」ではなく「民本主義《みんぽん》」という言葉を使うことによって、天皇主権に基づく明治憲法との間に生ずる不要な摩擦を避けながらも、そこに民主主義に等しい内実を盛り込もうとした（「民本主義」という言葉は、すでに茅原華山《かやはらかざん》が『萬朝報《よろずちようほう》』一八一二年三月十一日の論説で使用している。茅原については、孫国鳳『茅原華山と近代日本　民本主義を中心に』〈現代企画室、二〇〇四年〉が詳しい）。彼は主として『中央公論』や『東京朝日』に拠りながら、政党政治と普通選挙の実現を訴えて、立憲政治の実現を阻む右の四つの旧勢力などに対して、筆鋒鋭い批判を展開したのである。

大正期には、『中央公論』をはじめ、さまざまな硬派の雑誌が発刊されて、政論をリードしていった。吉野のほかに、『解放』『改造』に拠った福田徳三や、『大阪朝日』『我等』の長谷川如是閑《はせがわにょぜかん》らも、大正期の言論文化を代表している。また、『東洋経済新報』や『実業之日本』（馬静『実業之日本社の研究　近代日本雑誌史研究への序章』〈平原社、二〇〇六年〉が詳しい）なども、非特権的な商工業者の利害に立って、政党政治と普通選挙の実現を支持する論調を積極的に展開した。

新聞もまた、そのような時代の流れに敏感に反応した。憲政擁護運動、シーメンス事件、悪税撤廃運動、米騒動《こめそうどう》後の言論擁護、寺内正毅《てらうちまさたけ》非立憲内閣打倒の運動などで、新聞は輿論《よろん》形成に大きな役割をはたしたし、新聞記者たちも民党政治家や中小商工業者たちとともに、その運動の主要な担い手を形成した。

そして、さまざまな曲折を経ながらも、一九一八年九月に原敬《はらたかし》内閣が成立して政党政治が緒につき、二五年三月には普通選挙法も議会を通過した。この政党政治と普通選挙制度を生み出す上で大きな力となったのは、輿論の代弁者である雑誌・新聞などの言論の力であった。その意味では、大正デモクラシーは民権運動の後継者と言える。

いっぽう、新聞とともに民権運動の双輪を担った演説は、どうであったのであろうか。一九一〇年二月創刊の『雄弁』第一巻第一号の「発刊の辞」は、雄弁について、次のように言っている。

雄弁は世の光である。雄弁に導かれざる社会の輿論は必ず腐れて居る。雄弁を崇拝する事を知らぬ国民は必ず為《な》すなき民である。文化燦然《さんぜん》たる社会はつねに雄弁を必要とする。又雄弁を貴《たつと》ぶ気風がなくてはならぬ。

明治の新日本には曾《かつ》て雄弁の時代があつた。否、雄弁おこらんとした時代が確かにあつた。（中略）顧《かえり》みれば民権自由の説旺《さか》んにおこり、国会開設の請願となり、有志の遊説となつた頃より、初期の議会当時までは言論の時代ではなかつたか。

ここには、雄弁が世の中をリードした民権運動への敬慕がうかがわれるが、雄弁は時代が下がるにつれて、ますます大きな存在となった。尾崎行雄をはじめ国民に人気を博した政治家は、雄弁家としても知られている。一九一三年二月五日の桂内閣不信任決議案の趣旨説明における尾崎の「（桂太郎首相らは）玉座を以て胸壁《きようへき》とし、詔勅を以て弾丸に代《か》へて、政敵を倒さんとするものではないか」という名言は、後世にも伝えられていく。

また、この時期になると、演説はいっそう大衆化して、労働運動・農民運動・婦人運動、さらには被差別部落解放運動などにおいても、重要な役割を果たすことになる。というよりも、それらの運動では欠かすことのできないものとなった。新聞、雑誌、パンフレット、アジビラなどは、それを読んだ者だけが内容を理解できるものだが、演説は字の読めない者にも訴えることが可能であった。大衆運動では、いかに理論的に優れていても、人びとの支持を得られない者は、活動家としては認められず、尊敬は受けることができなかった。したがって有能な活動家は、雄弁家でありアジテーターでもあった。社会運動においても、雄弁が必要条件となったのである。

民権運動研究の先駆者としての吉野作造

大正デモクラシーを先導する吉野作造の言論活動は、軍部や右翼を刺激して、そのために身体に危険の及ぶこともあった。同時に、権力内部の守旧派《しゅきゅうは》からも、危険な存在と見られていた。一九二四年二月東京大学教授を辞任した後、朝日新聞に編集顧問兼論説委員として迎えられながらも、枢密院を批判したために不敬罪・新聞紙法違反で取調べを受け、わずかに四ヵ月で辞任を余儀なくされたのはそのためである。しかし、吉野は言論による闘いをやめなかった。その意味では、まさに民権運動の継承者と言える。

だが、民権運動との関係から言えば、吉野は民権運動を本格的に論じた最初の研究者でもあった。もちろん、吉野は民権運動そのものを取り上げて論じたというよりも、明治憲法体制の弱さや限界を、その背後の歴史的条件の中に探ろうとしたのであり、民権運動へ

図16　吉野作造

の論及も、その一環であった。だが、「維新より国会開設まで」（一九二八年七月）だけを見ても、戦後の日本近代史の通史・概説書で、その枠を越えているものは、はたしていくつあるであろうか（吉野の民権運動とその前後を扱った論稿の大半は、『吉野作造選集　11』に収録されている）。

彼の民権運動研究への視点は、その意味では実践的なものであった。しかし、その方法は、結論を性急に求めるものとは無縁であり、民権運動を日本における立憲制思想の展開という長いスパンの中で捉えようとしたものであった。この点でも、戦後の多くの研究のように、民権運動の対象を板垣退助たちの「建白書」の提出から自由党の解党あるいは激化事件までとしてきたのとは違いがある。

吉野の民権論の大枠は、大作「我国近代史に於ける政治意識の発生」（一九二七年十二月）に示されている。結論だけを記せば、次のようなものである。近代日本では、西欧近代の政治理念としての「公法」が、わりと早くから受け入れられた。それは、儒教的枠組みの中に「公」「公道」の観念が存在していたからである。そして、それが道徳的な規範として受け入れられたために、民権運動に純真さと情熱を与え、志士たちの殉教的情熱や精神的安心を支えることになった。「天賦人権《てんぷじんけん》」や「自主自由」が積極的に受け入れられたのも、その枠組みにおいてである。しかし、本来は自然法的な法観念であったものが、そのような形で受容されたために、それを具体的な政治理論として展開させることを困難にした。つまり、民権派には、運動を通じて思想を制度化していくという志向が弱かったのである。このように、丸山真男《まるやままさお》が戦後に展開する思想のエスプリが、すでに三〇年前に提起されていたのである。

吉野は他の論稿で、民権運動の中で、私擬《しぎ》憲法が作られたことや、主権が君主だけではなく国民にもあるという議論が展開されたことなどを評価している。こうした点でも民権運動研究の先駆者である。ただ、右に述べたように、民権運動には、思想を制度化する志向の弱かったことや、末期に至り過激な行動をとる者が出てきたことに対しては、かなり批判的である。種々の負の側面をもつ明治憲法体制の問題を、そうした民権運動の弱点の中に見ていたのである。

このほか、忘れてはならない吉野の日本近代史研究の業績は、明治文化研究会を組織し、『明治文化全集』を刊行したことである。この研究会は、尾佐竹猛《おさたけたけき》・石井研堂《いしいけんどう》・宮武外《みやたけがい》骨《こつ》・藤井甚太郎・小野秀雄らを集めて、一九二四年十一月から始められた。毎週木曜日に定例の研究会を開いたほか、会誌として『新旧時代』（のちに『明治文化研究』、さらに『明治文化』と改題）を発行し、そこに、同人たちの論稿が発表されていくことになる。

『明治文化全集』は、この会の成果であるが、そこでは福田徳三・小野清三郎・佐々木惣一・末広《すえひろ》厳太郎《いずたろう》・河合栄治郎・長谷川如是閑・徳富蘇峰《とくとみそほう》・三宅雪嶺《みやけせつれい》らの協力も得た（『明治文化全集書目解題』の序文、日本評論社、一九九二年）。明治文化研究会と『明治文化全集』の輪郭は、そこに集まった人びとの名前だけからも浮かび上がるだろう。それは、歴史研究においては性急な結論を避けて、広い分野の資史料を博捜・収集することから真理を探り出そうとする吉野の研究態度と、それにふさわしい人材を結集したときに生まれたものである。全集は全二四巻（一九二七年十一月～三〇年八月刊行。なお、現今の増補版は全二八巻・増補版一巻である）で、教育・文学・芸術・社会・軍事・交通・科学など多岐にわたる分野の資料が収録されており、文化全集の名にふさわしい。それは、近代日本の出版史に燦然《さんぜん》と輝く偉業であり、初版の刊行以来すでに八〇年を経ても、この全集を名実ともに凌駕《りょうが》する史料集は、いまだに出されていないと言えるだろう。

しかしながらも、戦後の民権運動研究において、吉野の研究はほとんど顧みられることはなかった。その理由は、科学的な明治維新史や民権運動研究は、『日本資本主義発達史講座』（一九三二〜三三年）から始まるとする見方が強く、民権運動についても、その講座で提起された「ブルジョア民主主義革命」という観点からの位置づけが有力であったからである。そこでは、吉野や明治文化研究会の人びとの研究は、科学的民権運動研究の前史にすぎず、せいぜい史料収集の役割が評価された程度であった。

だが、明治憲法体制の中の非立憲的な要素を取り除くことによって、近代的立憲国家としての体制を徹底化しようとした吉野こそは、まさにブルジョア民主主義革命の理論家であったとも言える。しかし、「ブルジョア民主主義革命」論の立場から見れば、大正期の護憲運動などは、しょせん民権運動を弾圧して確立した天皇制絶対主義国家の修正を図ったものに過ぎないとされることが多かった。さらに、吉野がキリスト教徒であっただけでなく、社会民衆党の結成（一九二六年）に力を貸したり、社会大衆党の顧問になった（一九三二年）という経歴も、その論が依拠するイデオロギーとは相容れないものがあった。

しかし、今日では、田中惣五郎・松本《まつもと》三之介《さんのすけ》・武田清子・松尾《まつお》尊兊《たかよし》氏などにより、吉野への積極的な評価が出されている。吉野は、言論をもって権力に立ち向かい、言論の自由のために闘った人物であり、吉野こそは民権運動の精神の継承者であった。そして、同時に民権運動の意義と限界にはじめて本格的な視点を向けた研究者でもある。もちろん、今日から見れば、彼の研究にも不十分な点が少なくはない。しかしながら、民権運動を日本における立憲制の展開の中で捉えようとする視点を提起したという先駆的業績は、正しく評価されなければならない。

新聞と演説のその後

本書の最後に、民権運動における二つの車輪となった新聞と演説のその後についても、簡単に触れておきたい。

新聞は、その後も発展して、近代社会における不可欠の情報メディアとして定着していく。ただ、その過程で、明治期後半からは、それまで分かれていた政治・政論を中心とした硬派の大新聞《おおしんぶん》と、社会的事件の報道を中心とした軟派の小新聞《こしんぶん》との区別が次第になくなり、両者の性格を合わせ持つ大衆新聞が新聞界の首座を占めるようになった。その背景には、義務教育の普及、都市生活者の増加などから、読者層が広がり、新聞社がそうした者たちを定期購読者として確保するとともに、彼らに合わせた紙面作りをしていったためであろう（これらの点は、奥武則『大衆新聞と国民国家』〈平凡社選書、二〇〇〇年〉に詳しい）。

だが、大衆新聞は、多数の購読者を経営の基盤として成り立っていたために、読者の意向に沿う形の紙面作りが常に必要となり、そのことから負の側面も持つようにもなった。多くの新聞は、アジア太平洋戦争期（一九三一～四五年）になると、日本軍がアジア各地を蹂躙《じゅうりん》したことを、侵略ではなく「戦勝」と報じていた。欧米との関係でも、日本は常に善であり、日本に不利な要求をする諸外国は悪であり敵であった。さらに末期には、日本軍の各地での敗退の事実は伝えなかった。新聞は、政府の宣伝機関となり、国民を欺瞞《ぎまん》する役目を果たしたのである（『新聞と戦争』〈朝日新聞社、二〇〇八年〉に詳しい）。

もちろん、政府当局の厳しい統制と検閲もあった。しかし、新聞は、民権期にあっては、新聞紙条例や讒謗律《ざんぼうりつ》のような言論弾圧法令にも屈せず、政府批判の論調を展開した。また、大正デモクラシー期の新聞人にも、種々の弾圧を受けながら、節を曲げなかった者は少なくない。それらに比べると、その落差はあまりにも大きい。真実を伝えるべき任務を放棄して、政府の走狗《そうく》となって国民を煽り、さらに本来は、力をもたない弱者が権力のある者に対して闘う武器であったはずの言論を、戦争に駆り立てる道具に使ったのである。それはジャーナリズムとしては自殺行為であった。池田長発《いけだながおき》らが、将来の日本において発展することを望んでいた「筆戦」への期待を裏切り、民権期や大正デモクラシー期の先人たちが身命を賭して切り拓いてきた道を、自ら消したのである。

いっぽう、政治家にとって、雄弁が必要条件であることは、その後も変わりはなかった。尾崎行雄をはじめとして国民に人気を博した政治家は、雄弁家としても知られていた。昭和に入ってからも浜口雄幸《はまぐちおさぢ》・永井柳太郎・鶴見祐輔《ゆうすけ》・斎藤隆夫などは、説得力のある話ぶりで聞き手の心を捉えた論客である。

だが、政党政治家たちが、時流に抗して持論を貫くことは、次第に困難となっていった。浜口は、首相として金解禁や緊縮財政を断行するなど強い信念の持主であった。特に、ロンドン海軍軍縮条約の調印（一九三〇年四月）に際しては、「統帥権干犯《とうすいけんかんぱん》」を叫ぶ右翼・軍部・政友会・枢密院などからの強い攻撃を受けながらも、〝軍縮は国民の軍事負担を軽くし、国際協調によって世界の平和を保障するものである〟として、愚直なまでに信念を貫き通した。そのために東京駅で右翼に狙撃されて倒れたが、その時に彼が叫んだ「男子の本懐《ほんかい》」という言葉は、名言として知られている。

また斎藤隆夫（民政党）は、ファシズム支配が強まる中で、言論によって軍部・政府に抵抗した政治家であった。つまり、日本の立憲政治が、軍部という非立憲的存在によって歪められ、否定されていく現状に対して、政党政治家として糾弾したのである。同時に斎藤は、第一級の雄弁家でもあった。一九三六年五月七日、衆議院本会議での質問で、現役軍人が政治を論じ、政治運動に加わることは、「立憲政治ノ破滅ハ言フニ及バズ、国家動乱、武人専制ノ端ヲ開クモノデア」るとするとともに、過去五年来の「三月事件」「十月事件」や五・一五事件、さらに同年の二・二六事件を俎上に上げて、厳しく糾弾した。いわゆる「粛軍演説」である（その全文と反響は、粟屋憲太郎・小田部雄次編集・解説『資料日本現代史9　二・二六事件前後の国民動員』第五部〈大月書店、一九八四年〉に所収）。それは日本の憲政史上に光芒《こうぼう》を放つ名演説である。

斎藤はさらに、一九四〇年二月二日、「支那事変（日中戦争）ノ処理ニ関スル質問演説」で、無為無策のまま戦争を継続している米内光政《よないみつまさ》内閣を追及した。いわゆる「反軍演説」である。これもまた日本の雄弁史に残る感動的な名演説である（その反響は、吉見義明・吉田裕・伊香俊哉編集・解説『資料日本現代史11　日中戦争期の国民動員②』第一部四〈大月書店、一九八四年〉に所収）。

図17　斎藤隆夫

しかしながら、当時の小山《こやま》松寿《しょうじゅ》議長（民政党）は、職権によって、その演説の三分の二を速記録から削除してしまった。それどころか、さらに三月七日、斎藤は、「聖戦」を冒瀆《ぼうとく》したとして、衆議院本会議で議員除名処分を受けることになる。その日の除名案に投票したのは、議員総数四四七人のうち、三〇三人にすぎなかった（賛成二九六、反対七）。約三分の一の議員は、欠席または棄権（投票時に退席）したのである。それは、政党政治家のせめてもの意思表示であったのだろう。だが、彼らもほとんどが大政翼賛会《たいせいよくさんかい》に加盟していった。政党もまた、自分の首を絞めたのである。

一九四二年四月に行われた総選挙は、大政翼賛会による翼賛選挙であった。斎藤は非公認候補であったので、多くの不利な扱いをうけただけではなく、選挙印刷物を没収されたり、「英米依存」「自由主義者」「反軍思想」「反戦思想」と呼ばれるなど、種々の妨害を受けた。しかし、斎藤は兵庫県第五区で一万九七五三票を獲得し、二位を五五〇〇票ほど引き放して当選した。

斎藤は、そのような勇気ある言動のため身の危険にさらされることがあった。しかし、閣僚ではなかったので、浜口雄幸と同じ運命になることは免れた。また、民政党のベテラン代議士であったので、同時代の多くの言論人のように、官憲からの直接的な弾圧を受けることはなく、小林多喜二《こばやしたきじ》や三木清《みききよし》のような悲惨な死に遭わずにすんだ。だが、それは斎藤の闘いの価値を何ら低めるものではない。

敗戦後、新憲法が施行されて、日本国民は基本的人権に基づく言論・出版・表現などの自由が保障された。新聞は、戦争中の自らの過ちを反省して、再出発した。しかし、ラジオ・テレビの発展により、それらと争って速報性を重視するようになると、その任務は、内外の出来事を一刻も早く報道することに移っていった。また、人びともそれを期待するようになった。その反面、ジャーナリズムとしての側面が弱くなっていった。その役割は主に、大正期以来の総合雑誌が担うようになった。もっとも現在では、総合雑誌も戦後の一時期のような力を失っている。

いっぽう、演説はそうではない。主権在民に基づく議会制民主主義が定着すると、雄弁はまた本来の姿を取り戻した。さらに集会・結社の自由を得て、労働運動・市民運動・学生運動が盛り上がっていったが、それらの集会においても、演説はいっそう大きな力をもつようになった。

言論は、民主主義に基づく社会を成り立たせ、維持していく上での不可欠の要件である。現在の世界の多くの国ぐににおいて、雄弁が優れた政治家の条件であることに依然として変わりはない。民主主義が国家・社会の公認された普遍的な原理として存続する限り、演説の役割が失われることはないであろう。

言論の自由が失われる時や、信念をもった説得力のある政治家がその職を失い、代わりに無定見で、生命力のある言葉を使うことのできない政治家が国家の中枢を担う時は、民主主義の危機である。近代日本の歴史は、そのことを示している。われわれは、二度とこのような過ちを繰り返してはならない。そのような観点にたって、現在改めて民権運動を見直してみる必要があるであろう。

ここで改めて、二つの文章を掲げておくことにする。

彼方之諺《ことわざ》にも筆戦と唱へ候て、一張之紙、数行之墨にても、時に寄り候ては、百万之兵卒にも勝り候威力御座候（池田長発）

演説ハ……人心ヲ激励シ容易ニ真実ノ思底《してい》ヲ吐露スルヲ得ルモノナリ。（中略）三寸ノ舌能ク百万ノ兵ニ当ルモノナリ。（小室重弘）

自由民権運動の歴史的意義――エピローグ

本書は、民権運動を立憲政体《りっけんせいたい》の早期樹立を求める運動として捉え、その系譜をたどったものである。立憲政体は、西欧で発達したものであり、江戸時代の日本とは、本来、無縁なものであった。しかし、一八六〇年代以降、それに関する知識が広がっていき、明治期に入ると、日本でもそれをめざすべきであるとする動きが起こってきた。本書が、明治維新の前にさかのぼって叙述を始めたのは、この運動がそのような土壌の上に展開したことを示したかったからである。

また、民権運動をブルジョア民主主義革命運動とすることに反対したのも、その図式の中では、民権運動が言論活動を日本に定着させる上ではたした役割が浮かび上がらないからである。本書では、新聞と演説を両輪とした民権家たちの言論活動を詳しく紹介し、さらにそれが国家・社会を動かした事実を示して、その点での民権運動の歴史的な意義を強調したつもりである。

ただし、当時の活動家たちが、内面では必ずしも武力的志向を捨てていなかったことや、政府の規制が強まり、合法的活動が困難になってきた一八八二年の後半から、一部の自由党員が、武力的な反政府的行動を試みたことについては、本書ではほとんど触れられなかったこともつけ加えておこう。もっとも、それらが民権運動の主流ではなかった。民権運動は、もともと士族反乱や新政反対一揆とは異なる次元から出発したのであり、そのDNAの中で、武力や暴力は優性なものではないのである。

武力や暴力を過大に評価し、その観点から民権運動を見てしまうと、民権運動の流れを歴史的スパンの中で捉えることができなくなる。幕末期の池田長発《いけだながおき》たちの上申書の主張は、民権運動を経て、初期議会での民党議員たちの闘い、大正デモクラシー期の吉野作造《よしのさくぞう》たちの活動、さらにはファシズム期の議会における斎藤隆夫の「粛軍《しゅくぐん》演説」「反軍演説」などへとつながっていく。それは、言論という流れの中でのみ捉えられるものである。

もちろん、言論は、独裁権力やファシズムの暴力的支配によって、抑え込まれてしまうことが少なくない。また逆に、権力を握っている者の放言が、政治的混乱を引き起こすこともある。しかし、そのような無力さや無責任さは、言論そのものに起因するのではないし、それによって言論の意義が下がるわけでもない。

雄弁の神ヘルメスは、さまざまに姿を変える。時には科学の神になるかと思えば、商業の神になったり、時には盗賊の神にもなったりもする。それは、神々の中でもっとも内気な歴史の女神クリオとは対照的である。

言論も、しょせんは手段である。言論を有効なものとするのは人間の意思であり、その成果を残していくのは制度である。それが故に、立憲政体の早期樹立のために闘った民権家たちと、彼らを中心にして展開された民権運動とは、今日においても省みられるべき歴史的意義をもっているのである。

あとがき

前著の『自由民権の文化史』（筑摩書房）を出したのは二〇〇〇年である。その最後で、本書の予告をしておきながらも、だいぶ遅くなってしまった。

実はその頃は、前著の続きとして、演説を中心にして民権家のことを書く予定にしていたが、その後、民権運動全体についての見通しをつけてから、その流れに力点をおいてまとめるように、執筆の方針を変更したためである。

そして、いくつかの点を掘り下げてみると、それぞれに面白いことが見えてきて、多くの時間を費やした。吉野作造《よしのさくぞう》と明治文化研究会、幕末期の出版事情、幕府海外使節団、官選議会、「建白書」以前の民選議院論、一八八〇年末からの自由党懇親会と『東洋自由新聞』の発刊、自由・改進両党の抗争、大同団結運動《だいどうだんけつうんどう》、第一回総選挙、初期議会などである。その間に、幕末から明治後半までのさまざまな資史料や、多くの民権家の著作や伝記、さらには岩倉具視・木戸孝允《きどたかよし》・大久保利通《おおくぼとしみち》・伊藤博文《いとうひろぶみ》をはじめ権力者たちの文書や伝記、津《つ》田真道《だまみち》・西周《にしあまね》などの啓蒙思想家の著作を読んでいった。

二〇〇六年三月に定年退職してからは、長い間あこがれていたすべての時間を自分のために使える余裕ができたので、あたかも本を読む器械であるかのごとくに、その世界にひたった。そこに腰をおろして休んでいると、現世に戻ってくるのを億劫に感じたことも少なくない。

ただし、明治前半期の大新聞に一通り目を通すという自分の課題は、ずっと続けていた。読む場所としては、横浜開港資料館が、開架式で閲覧が自由なのと、館員の方々の応対が親切なので、足を向けることが多くなった。

そのほか、二〇〇〇年以降は、ほぼ毎年のようにイギリスに行った。ブラックをはじめ日本で活躍したイギリス人たちが、故国で過ごしていた頃のことと、幕末維新期の日本人留学生たちのイギリスでの生活のことを、調べるためである。特に馬場辰猪《ばばたつい》が過ごした所には、かなり行った。また、ロンドンからユーロスターに乗ってパリに行き、一八六四年の池田使節団の足跡をたどったこともある。

さらに、二〇〇六年初夏には、しばらくアメリカ東海岸をレンタカーで回り、一八六〇年に新見《しんみ》使節団の通ったコースをめぐるとともに、独立戦争関係の建物を見たり、馬場辰猪の足跡を調べたりした。ボストンが気に入って、予定の日数をかなり延ばした。

しかし、二〇〇七年暮の検査で、肺に影が見つかり、ガンの転移の可能性を宣告されて、大きなショックを受けた。ネット・オークションで、想定よりも安い価格で落札した『聯《れん》邦《ぼう》志《し》略《りやく》』が届き、喜んで抱いて寝た翌日のことである。

この原本は、在清宣教師のブリッジマン（裨治文）によるアメリカの地誌であるが、彼が自ら漢訳して一八六一年に上海で出したものに、箕作阮甫《みつくりげんぼ》が訓点を付けて、一八六四年に書肆老皂館《ろうそうかん》から出したものである。王政復古政府の福岡孝弟《たかちか》や副島種臣《そえじまたねおみ》が「政体書」を起草する際に参考にした一冊であるが、このような本がすでに慶応期以前に出されていたことは、当時の日本人の海外への関心の高まりをしのぶのには十分なものがある。ちなみに、その本では憲法のことは、「世守成規」として紹介されている。

その喜びもつかの間、ガンの可能性を告げられ、その後の度重なる検査で精神的・肉体的にも消耗した。しかもその過程で、ガンについては執行猶予のままだが、循環器にいくつかの異常が見つかった。

そのような中で、改めて執筆したのが本書である。ただ、全体の道筋をつけることを優先したことから、これまでパソコンに書き込んできた相当量の原稿と膨大なメモ、さらには苦労して筆記した史料のうちで実際に使ったのは、その一部でしかなかった。そのために、民権運動を下から支えながらも、今日ではほとんど忘れられている民権家については、多くの資料を集めてきたにもかかわらず、ほんのわずかしか書くことができなかったのは、非常に残念である（ただし、本書でも何度か触れた小室重弘については、「『自由の歌』自由民権家小室重弘の前半生」〈『東海近代史研究』第三〇号、二〇〇八年〉としてまとめた）。しかし、ともあれ、本書によって、自分なりの民権運動の系譜を一通り明らかにできたとは思っている。

なお本書の執筆の過程で、横浜開港資料館・東京大学近代日本法制史料センター・国立国会図書館には図書の閲覧でお世話になったことを記しておきたい。

また最後に、長い間、ご迷惑をおかけした吉川弘文館の宮川久氏と岡庭由佳さん、前社員の永滝稔氏（現・有志舎代表）に、厚くお礼を申し上げたい。

二〇〇九年二月

稲田雅洋

著者紹介

一九四三年、栃木県に生まれる
一九七二年、一橋大学大学院社会学研究科博士課程修了、社会学博士
現在、東京外国語大学名誉教授

主要著書
悲壮は則ち君の生涯なりき　日本近代社会成立期の民衆運動　自由民権の文化史

歴史文化ライブラリー
281

自由民権運動の系譜
近代日本の言論の力

二〇〇九年（平成二十一）十月一日　第一刷発行

著　者　稲《いな》田《だ》雅《まさ》洋《ひろ》

発行者　前田求恭

発行所　株式会社 吉川弘文館
東京都文京区本郷七丁目二番八号
郵便番号一一三―〇〇三三
電話〇三―三八一三―九一五一〈代表〉
振替口座〇〇一〇〇―五―二四四
http://www.yoshikawa-k.co.jp/
印刷＝株式会社 平文社
製本＝ナショナル製本協同組合
装幀＝清水良洋・黒瀬章夫

歴史文化ライブラリー

1996.10

刊行のことば

現今の日本および国際社会は、さまざまな面で大変動の時代を迎えておりますが、近づきつつある二十一世紀は人類史の到達点として、物質的な繁栄のみならず文化や自然・社会環境を謳歌できる平和な社会でなければなりません。しかしながら高度成長・技術革新にともなう急激な変貌は「自己本位な刹那主義」の風潮を生みだし、先人が築いてきた歴史や文化に学ぶ余裕もなく、いまだ明るい人類の将来が展望できていないようにも見えます。このような状況を踏まえ、よりよい二十一世紀社会を築くために、人類誕生から現在に至る「人類の遺産・教訓」としてのあらゆる分野の歴史と文化を「歴史文化ライブラリー」として刊行することといたしました。

小社は、安政四年（一八五七）の創業以来、一貫して歴史学を中心とした専門出版社として書籍を刊行しつづけてまいりました。その経験を生かし、学問成果にもとづいた本叢書を刊行し社会的要請に応えて行きたいと考えております。

現代は、マスメディアが発達した高度情報化社会といわれますが、私どもはあくまでも活字を主体とした出版こそ、ものの本質を考える基礎と信じ、本叢書をとおして社会に訴えてまいりたいと思います。これから生まれでる一冊一冊が、それぞれの読者を知的冒険の旅へと誘い、希望に満ちた人類の未来を構築する糧となれば幸いです。

吉川弘文館

〈オンデマンド版〉
自由民権運動の系譜
近代日本の言論の力

On Demand
歴史文化ライブラリー
281

2019年（令和元）9月1日　発行

著　者　稲《いな》田《だ》雅《まさ》洋《ひろ》

発行者　吉川道郎

発行所　株式会社　吉川弘文館
〒113-0033　東京都文京区本郷7丁目2番8号
TEL　03-3813-9151〈代表〉
URL　http://www.yoshikawa-k.co.jp/

印刷・製本　大日本印刷株式会社

装　幀　清水良洋・宮崎萌美

稲田雅洋（1943〜）

ISBN978-4-642-75681-5